Matkaopas iirinkieliseen Irlantiin

Jani Koskinen

Matkaopas iirinkieliseen Irlantiin

© 2021 Koskinen, Jani

Kustantaja: BoD – Books on Demand, Helsinki, Suomi

Valmistaja: BoD – Books on Demand, Norderstedt, Saksa

ISBN: 978-952-80-4622-6

Kansikuva: Inis Mórilla joulukuussa 2012

Kuva: Paula Aro

Sisällys

Kirjailijasta

Jani Koskinen (s. 1988 Kirkkonummi) on koulutukseltaan kielitieteilijä. Hän on valmistunut v. 2019 Helsingin yliopistosta maisteriksi pääaineenaan suomalais-ugrilainen kielentutkimus. Sivuaineopintoja hänellä on useista muista kieliaineista. Opinnoissaan Koskinen on syventynyt mm. kielten välisiin valtasuhteisiin, kielten uhanalaistumis- ja elvytysprosesseihin sekä kielipolitiikkaan. Häntä kiinnostavat ennen kaikkea vähemmistö- ja alkuperäiskielet sekä niitten yhteiskunnallisen aseman kehittäminen.

Koskinen on vieraillut myös turistina useilla vähemmistökielten puhuma-alueilla ja pohtinut, miten matkailu vaikuttaa kunkin alueen alkuperäiskielen ja -kulttuurin elinvoimaisuuteen. Usein tuo vaikutus on kielteinen, mutta oman roolinsa tiedostava matkailija voi Koskisen näkemyksen mukaan myös kääntää vierailunsa alueella paikalliskielen eduksikin. Avainasemassa tässä ovat matkailijan perehtyminen paikalliskieleen jossain määrin jo ennen matkaa sekä paikalliskieltä tietoisesti suosivat kieli- ja kulutusvalinnat matkan aikana.

Esipuhe

Tämä on kolmas kelttiläiskielten puhuma-alueita esittelevä kirjani. Ensimmäisenä ilmestyi *Unohda Wales, lähde Kymrinmaahan!* (2020), jossa esittelin itselleni kaikkein tutuinta kelttimaata ja parhaiten hallitsemaani kelttiläiskieltä kymriä. Seuraava teokseni oli *Matkaopas gaelinkieliseen Skotlantiin* (2021), ja nyt ilmestyvässä kolmannessa kirjassa olen siis päässyt Irlantiin ja iirin kieleen saakka.

Kaikkien näitten teosteni lähtökohtana on kulttuurisesti vastuullisen matkailun edistäminen. Massaturismi vaikuttaa usein kielteisesti paikalliskulttuureihin ja ensimmäisten joukossa sen uhriksi joutuu yleensä kieli. Suomessakin englannin kielen yksinomainen käyttö esimerkiksi ravintoloitten ruokalistoissa on yleistynyt räjähdysmäisesti 2000-luvulla. Yhtenä perusteluna tälle käytetään juuri matkailijoitten tarpeita, jotka siis monen yrittäjän arvomaailmassa eivät ainoastaan ohita – vaan jopa täysin mitätöivät paikallisten tarpeet. Millä muullakaan tavoin voisi tulkita sen, jos monikielisten ruokalistojen ja opasteitten sijaan meille tyrkytetään vierasta kieltä ainoana vaihtoehtona?

Irlantilaisten oma kieli iiri on suomeen verrattuna vielä paljon pahemmin marginalisoitu, ja sen käyttö kaupallisten palveluitten kielenä edes kaikkein iirinkielisimmillä alueilla on varsin rajallista. Joitain poikkeuksia toki löytyy ja olenkin listannut niitä kirjan palvelusuositusosioon.

Kulttuurisesti vastuullisen matkailun ytimessä ovat paikalliskielen elinvoimaisuutta tukevat kieli- ja kulutusvalunnat. Kieltä voi jo ennen matkaa pyrkiä opiskelemaan ainakin sen verran, että pärjää rutiiniluonteisimmissa tilanteissa, kuten ravintolassa tilatessa tai majapaikan vastaanotossa. On tärkeää käyttää kieltä varsinkin sellaisissa tilanteissa, joissa itse on maksavana asiakkaana – ja osoittaa näin yrittäjille, että paikalliskielisille palveluille on kysyntää. Alun perinkin kannattaa valita sellainen palveluntarjoaja, joka käyttää verkkosivuillaan tai julkisivussaan enemmän paikallista kieltä kuin muut saman paikkakunnan tai alueen toimijat. Tämän kriteerin voi periaate- ja solidaarisuussyistä huomioida siinäkin tapauksessa, ettei itse (ainakaan vielä) edes osaisi tai olisi opiskelemassa kyseistä kieltä.

Iirin kielen historiaa ja nykypäivää

Iiri on indoeurooppalaisen kielikunnan kelttiläiseen haaraan kuuluva kieli. Kelttiläiset kielet jakautuvat edelleen kahteen alahaaraan: goideeliseen ja britanniseen. Iiri kuuluu yhdessä skotlanningaelin ja Mansaarella puhuttavan manksin kielen kanssa goideeliseen haaraan. Toisin sanottuna iirin lähimpiä sukulaiskieliä gaeli ja manksi, ja niitä iirin puhuja voikin ymmärtää tai oppia suunnilleen yhtä helposti kuin suomenkielinen viroa. Siinä missä goideelisia kieliä voi luonnehtia iirin sisarkieliksi, britanniset kielet kymri, bretoni ja korni ovat sen serkkuja eli jo hieman kaukaisempia sukulaisia. Goideelisten ja britannisten kielten puhujat eivät ilman erillisiä opintoja voi ymmärtää käytännössä lainkaan toistensa kieliä, vaikka sekä kieliopista että sanastosta löytyy tietysti kielihistoriallisesti yhteistä ainesta.

Irlannin varhaisimpien asukkaitten kielistä ei tiedetä juuri mitään, mutta iirin esimuoto saapui Irlantiin viimeistään ensimmäisellä vuosituhannella ennen ajanlaskun alkua ja siitä tuli pitkäksi aikaa koko saaren valtakieli. Vanhimmat säilyneet muistomerkit iirin kirjallisesta käytöstä ajoittuvat noin 300-luvulle jKr.

Irlantia yrittivät omana aikanaan valloittaa niin viikingit kuin normannitkin, mutta toden teolla iirinkielinen kulttuuri ja väestö alkoi heiketä vasta 1500-luvulta lähtien, kun Englanti kiristi otettaan Irlannista ja aloitti entistä laajamittaisemmat väestönsiirrot Englannista Irlantiin. Alkuperäinen väestö pakotettiin muuttamaan useilta alueilta pois, eivätkä uudisasukkaat enää omaksuneet iirin kieltä toisin kuin aiempina vuosisatoina oli tapahtunut.

Tästä huolimatta vielä 1800-luvun alussa yli puolet Irlannin väestöstä oli iirinkielistä, joskin iiri oli jo leimautunut köyhälistön kieleksi yläluokan puhuessa englantia. Irlannin suuri nälänhätä (iiriksi *An Gorta Mór*) vuosina 1845–1852 iski tietysti pahimmin köyhimpään eli iirinkieliseen kansanosaan. Monet lähtivät etsivät parempaa elämää Amerikasta, mikä vielä entisestäänkin rapautti ja sirpaloi kieliyhteisöä. Länsi-Irlannin syrjäisimmillä alueilla iiri säilyi paikallisesti kansankielenä, mutta kieliraja perääntyi koko ajan ja englannin kieli levittäytyi lännemmäs. Iirinkieliset alueet jäivät toisistaan erillisiksi saarekkeiksi ja jos elannon hankkimiseksi täytyi liikkua kotikylän ulkopuolellakin, oli yhä useammin osattava myös englantia.

Vuonna 1922 Irlanti sai vapaavaltion aseman ja itsenäistyi lopullisesti vuonna 1949. Vuosisadan vaihteessa iirin kielen heikentyneeseen asemaan oli alettu kiinnittää huomiota, ja kieli oli itsenäisyysliikkeelle ainakin symbolisella tasolla tärkeä – todistihan oma kieli omasta kansallisesta identiteetistäkin. Itsenäisyys ei kuitenkaan pelastanut iiriä ahdingosta, vaan kielen virallinen asema jäi pääosin symboliseksi ja sitä ensikielenään puhuvien määrät jatkoivat edelleen laskemistaan samoin kuin iirinkielisinä säilyneitten alueitten pirstaloituminen ja kutistuminen. Kehityssuunnan olisi voinut kääntää, mutta siihen ei 1900-luvun alkupuoliskolla riittänyt poliittista tahtoa tai osaamista. Vasta 1900-luvun loppupuolella ja 2000-luvulla on joissain asioissa alettu ottaa edes pieniä askelia oikeaan suuntaan.

Irlannin itsenäisyyden aikana iiriä on opetettu lapsille pääasiassa muusta opetuksesta erillisenä oppiaineena, ts. siten että iiriä opiskellaan omalla tunnillaan, mutta kaikki muut aineet opetetaan englanniksi. Lisäksi iirin tunneilla on pikemminkin luettu klassikkokirjallisuutta kuin opeteltu keskustelemaan arkipäiväisistä aiheista tai esittämään hampurilaisravintolassa tilauksensa iiriksi – vaikka jälkimmäinen olisi kielen elinvoimaisuuden ja tulevaisuuden kannalta huomattavasti ensisijaisempaa.

Vähemmistö- ja alkuperäiskielten elvytys kantaa hedelmää yleensä parhaiten sellaisissa maissa ja kielialueilla, joissa lapsia opetetaan päiväkodissa ja koulussa ns. kielipesä- tai kielikylpymenetelmällä. Tämä tarkoittaa, että lapsen kotikielestä riippumatta kaikki päiväkodin ja koulun aikuiset puhuvat tälle järjestelmällisesti vähemmistökieltä ja että kaikissa aineissa tai ainakin suurimmassa osassa niistä opetus annetaan kyseisellä kielellä. Tämä on käytännössä ainoa tapa saada kieli kommunikatiivisella tasolla takaisin, jos lapsen vanhemmat eivät ole saaneet oppia sitä tarpeeksi hyvin pystyäkseen käyttämään sitä kotikielenä. Irlannissa tällaiset iirinkieliset koulut (iiriksi *gaelscoil* tai monikossa *gaelscoileanna*) ovat alkaneet yleistyä vasta 1900-luvun loppupuoliskolla, ja tällä hetkellä niitten suhteellisen osuuden merkittävä kasvattaminen (tai siis jo käynnissä olevan kasvun ylläpitäminen) on yksi tärkeimpiä tavoitteita kielen aseman vahvistamiseksi. On myös esitetty, että englanninkielisissäkin kouluissa alettaisiin opettaa osaa oppiaineista kielikylpymenetelmällä iiriksi.

Iirinkielisimpinä säilyneille seuduille on myönnetty Irlannissa ns. virallisen gaeltacht-alueen status. Nämä alueet saavat valtiollista erillistä rahallista tukea ja niillä on voimassa vahvemmat kielilait kuin muualla Irlannissa. Esimerkiksi viralliset paikannimet, tienviitat ja liikennemerkit ovat gaeltacht-alueilla yksikielisesti iiriksi, kun taas muualla Irlannissa ne ovat kaksikielisiä. Kaksikielisissä tienviitoissa iirinkielinen osio on sijoitettu englanninkielistä ylemmälle riville, mutta englanninkielinen on kirjoitettu ISOILLA KIRJAIMILLA, jolloin se on käytännössä helpompi lukea ja hyppää ensimmäisenä silmään.

On sinällään järkevää kohdistaa erityistoimia sellaisille alueille, joilla iiriä ei tarvitse lähteä elvyttämään nollapisteestä, vaan joilla on toivoa sen käytön jatkuvuudesta katkeamattomana ketjuna kauas tulevaisuuteenkin. Gaeltacht-politiikkaan liittyy kuitenkin myös ongelmia, sillä nämä alueet ovat pääasiassa syrjäisiä takamaita ja vieläpä toisistaan irrallisia pieniä saarekkeita. Lukuun ottamatta vasta viime aikoina yleistyneitä gaelscoil-kouluja kaupunkiympäristöissä institutionaalinen tuki iirin kielelle on jäänyt melko vähäiseksi. Jos kielen käyttöalat ja -ympäristöt ovat päässeet hupenemaan liiaksi, kieltä ei pystytä pitämään elinvoimaisena enää tukemalla sen käyttöä ainoastaan perinteisillä aloilla ja perinteisissä ympäristöissä – vaan kieltä tulisi aktiivisesti pyrkiä palauttamaan sinnekin, missä sitä ei tällä hetkellä puhuta ja keksiä sille uusia käyttötapoja esimerkiksi viihteen ja nuorten suosimien harrastusten piiristä.

Jos iirin käyttö jollain alueella vähenee, se saattaa menettää gaeltacht-statuksensa, vaikka silloinhan alue päinvastoin tarvitsisi entistä enemmän tukea ja entistä vahvempia kielilakeja turvaamaan kielen käyttöä. Miksei gaeltacht-alueitten supistamisen sijaan voitaisi saattaa niitä koskevat kielilait (esim. virallisten paikannimien ja tienviittojen yksikielisyydestä) voimaan koko Irlannissa? Englannin kieli on tuotu Irlantiin alun perin väkivalloin ja pakottamalla, eikä sen asemaa edes toisena virallisena kielenä tulisi pitää minään kyseenalaistamattomana itsestäänselvyytenä. Suuri osa Irlannin "englanninkielisistä" paikannimistä on sitä paitsi vain väärin kirjoitettua iiriä vähän samaan tapaan kuin Venäjän puoleisessa Karjalassa sijaitsevien paikkakuntien nimet kirjoitetaan tienviitoissa ja useissa muissakin lähteissä (kuten englanninkielisessä wikipediassa) päin honkia, koska nimet on ensin siirtokirjoitettu suomesta tai karjalasta venäjään ja sitten venäjästä englantiin. Esimerkiksi Helylästä on näin saatu Khelyulya.

Vuonna 2017 yksi Irlannin suurimmista pankeista Banc na hÉireann (engl. Bank of Ireland) ilmoitti, että se poistaa uusista automaateistaan mahdollisuuden käyttää niitä iiriksi. Pankki perusteli muutosta sillä, että alle 1 % asiakkaista oli valinnut iirin automaatilla asioidessaan. Luvun ei pitäisi yllättää ketään, sillä ehkä juuri noin prosentti irlantilaisista käyttää iiriä pääasiallisena arkikielenään. Sekin tarkoittaa kuitenkin kymmeniätuhansia ihmisiä, joilta siis vietiin mahdollisuus palveluun omalla kielellään omassa maassaan. Iirinkielisen palvelun poistamisen sijaan pankin olisi ollut syytä päinvastoin pohtia, miten se voisi saada yhä useamman asiakkaan valitsemaan iirin.

En tiedä kyseisten pankkiautomaattien käytännöistä, mutta usein erilaiset automaatit ja esimerkiksi verkkosivut on suunniteltu vähemmistöasemaan omassa maassaan ajetun alkuperäiskielen kannalta huonosti. Oletuskielenä on yleensä kolonialistikieli ja alkuperäiskieli piilotettu ylimääräisen napin painalluksen päähän. Tällöin kaikki alkuperäiskielen puhujatkaan eivät päädy käyttämään laitetta tai verkkosivua omalla kielellään – puhumattakaan, että kieltä osaamaton voisi saada herätyksen ruveta opiskelemaan sitä. Olisikin parempi suunnitella aina sellainen aloitussivu, jolta joutuu joka tapauksessa valitsemaan kielen, oli valinta sitten kumpi tahansa. Ja vielä parempi tapa olisi ohjelmoida alkuperäiskieli oletukseksi ja sijoittaa kolonialistikieli sitä vastoin napin painalluksen päähän. Tällöin alkuperäiskielen passiivisetkin osaajat saattaisivat intoutua käyttämään sitä entistä enemmän, kun toiseen kieliversioon siirtyminen vaatisi erillistä vaivannäköä.

Iirinkielinen radiokanava Raidió na Gaeltachta on toiminut vuodesta 1972 lähtien. Ensimmäinen ja toistaiseksi ainoa iirinkielinen televisiokanava TG4 aloitti lähetykset vuonna 1996. Ohjelmistosta löytyy niin dokumentteja, lastenohjelmia kuin saippuasarjojakin. Vertaillessani eri vähemmistökielisten televisiokanavien ohjelmistoa, olen havainnut, että esimerkiksi kymrinkielisen televisiokanava S4C:n ohjelmisto eroaa jossain määrin TG4:n ohjelmistosta. Kymrinkieliseltä kanavalta löytyy paljon enemmän sellaista viihteellistä sisältöä, joka osallistaa toimittajien ja asiantuntijoitten lisäksi myös tavallisia kymrin puhujia. Kymrinkielisellä kanavalla on esimerkiksi tosi-tv-tyyppistäkin ohjelmaa ja erilaisia viihteellisiä kilpailuja.

Vaikken yleensä olekaan kevyen viihteen puolestapuhuja, niin vähemmistökielisessä mediatarjonnassa pidän tällaista ohjelmatyypiä tärkeänä. Näitten ohjelmien kuvaukset luovat tilanteita, joissa toisiaan ennestään tuntemattomat vähemmistökielen puhujat pääsevät kohtaamaan ja tutustumaan. Joskus se voi johtaa kuvausten jälkeenkin jatkuvaan ystävyyteen ja yhteydenpitoon, mutta ainakin se tekee ihmiset tietoisemmaksi siitä, että kieltä puhutaan jossain

14

muuallakin kuin heidän omassa perheessään tai kylässään. Tai jos joku englanninkielistyneellä alueella asuva on oppinut vähemmistökieltä vain koulussa, vasta tällaiseen ohjelmaan osallistuminen saattaa saada tämän kunnolla tajuamaan, että kieltä voi käyttää tosielämänkin sosiaalisissa tilanteissa. Tavallisten ihmisten osallistaminen ohjelmien tekoon saattaa myös sitouttaa nämä seuraamaan kanavan ohjelmia jatkossakin tiiviimmin.

Vähemmistökielisten instituutioitten menestystä ja vaikutusta kielen elinvoimaisuudelle mitataankin usein liian yksipuolisin mittarein. Esimerkiksi koulun vaikutusta saatetaan mitata ainoastaan oppilasmäärällä, televisiokanavan vaikutusta katsojaluvuilla tai sanomalehden vaikutusta levikillä – ja jos nämä luvut ovat jonkun mielestä liian pieniä, koko instituution tai median tarpeellisuus kyseenalaistetaan helposti. Näitten lukujen rinnalla tulisi kuitenkin tarkastella myös sitä, kuinka monia työpaikkoja kyseiset instituutiot luovat pitäen yllä kokonaisia vähemmistökielellä toimivia työyhteisöjä.

Jos vielä verrataan iirinkielistä televisiokanavaa kymrinkieliseen, puutteeksi täytyy ehdottomasti lukea myös se, että hyvin harvaan ohjelmaan saa iirinkielisen tekstityksen. Kymrin kohdalla ainakin omia kieliopintojani ovat vauhdittaneet kummasti sellaiset televisio-ohjelmat, joista paitsi kuulee kieltä, myös näkee saman kirjoitettuna. Selvän saaminen pelkästä puheesta sen sijaan saattaa ainakin opintojen alkuvaiheessa olla niin työlästä, ettei se motivoi yrittämään tarpeeksi. Englanninkieliset tekstit useimpiin ohjelmiin kyllä halutessaan saa iirinkieliseltäkin kanavalta, mutta niitä käyttäessä ei välttämättä tule keskittyä iirinkieliseen puheeseen ja oman kielitaidon kehittämiseen. Joittenkin lastenohjelmien lisäksi iirinkielisen tekstityksen saa vain *Ros na Rún* -nimiseen saippuasarjaan. Tätä sarjaa kannattaakin siis hyödyntää kieliopinnoissaan, oli sitten kyseisen ohjelmatyypin ystävä tai ei.

Iirin kielen yhteiskunnallista asemaa ja käyttöalan laajuutta havainnollistaa hyvin vuonna 2007 esitetty dokumenttisarja *No Béarla*, jonka ensimmäisen tuotantokauden jaksot ovat katsottavissa YouTubesta. Sarjassa Manchán Magan matkustaa ympäri Irlannin yrittäen puhua kaikille vastaantulijoille kaikissa mahdollisissa tilanteissa iiriä. Toisinaan hän onnistuu kommunikoinnissaan ja kohtaa toisen iirin puhujan (tai ainakin kieltä passiivisesti ymmärtävän), mutta valitettavasti useimmiten ei.

Musiikin saralla iiri elää lähinnä kansanlauluissa, joskin englanninkielisiä kansanlauluja esitettäneen Irlannissa paljon useammin kuin iirinkielisiä. Populaarimusiikissa iirin käyttö on sitäkin marginaalisempaa. Tilanne on tässäkin kohtaa kuin toiselta planeetalta verrattuna kymrin kieleen. Kymrinmaan kansanmusiikkipiireissä kymri on itsestäänselvästi päälaulukieli ja useimmille yhtyeille ainoa – minkä lisäksi löytyy myös satoja, ellei kohta jo tuhansia kymriksi levyttäneitä pop- ja rockyhtyeitä. Levyjen kansitekstit (siis ne, joissa kerrotaan esimerkiksi kuka yhtyeen jäsen soittaa mitäkin soitinta) ovat kymriläisyhtyeillä yleensä joko yksinomaan kymriksi tai sitten kaksikielisesti kymriksi ja englanniksi. Irlannissa jopa kansanmusiikkilevyjen kansitekstit ovat sitä vastoin lähes aina yksikielisesti englanniksi. Valitettavasti Suomenkin kansanmusiikkikentällä on 2000-luvulla luisuttu yhä enemmän englannin suuntaan. (Olen kirjoittanut aiheesta Kansanmusiikki-lehdessä 3/2020.)

Iirin kieltä on yritetty juurruttaa populaarimusiikkiin julkaisemalla vuodesta 2005 lähtien aina Iirin kielen viikon (Seachtain na Gaeilge) yhteydessä cd-levyllinen iiriksi käännettyjä popkappaleita. Silloin harvoin, kun populaarimusiikkia esitetään iiriksi, kyseessä ovatkin lähes aina käännöskappaleet, eikä alun alkaen iiriksi tehtyjä pop- tai rockkappaleita juuri löydy.

Englannin kieli ja englanninkielinen kulttuuri nähdään monissa piireissä irlantilaisenakin kulttuurina, vaikka siihen voisi suhtautua päinvastoin alkuperäisen, iirin kieleen perustuvan irlantilaisen kulttuurin tukahduttajana. Suomi-Irlanti-seurakin kirjoittaa nimensä kaksikielisesti, muttei suinkaan suomeksi ja iiriksi, vaan suomeksi ja englanniksi – ja vieläpä siten, että englanninkielinen nimi on ensisijainen. Englannin käyttö ei seuran kohdalla jää sitä paitsi pelkkään seuran nimeen, vaan myös monet tapahtumien nimet ja tapahtumailmoitukset ovat jopa yksikielisesti englanniksi tai parhaimmillaankin kaksikielisesti suomeksi ja englanniksi, iiri joka tapauksessa aina täysin sivuuttaen. Oman käsitykseni mukaan tällaisen seuran toiminnan ytimessä pitäisi pikemminkin olla siltojen luominen suomen- ja iirinkielisen kulttuurielämän välille, molempien maitten kielellinen dekolonisaatio ja englannin valta-aseman purkaminen.

Oma lukunsa ovat sitten vielä Irlannin ulkopuolella sijaitsevat ns. irkkupubit, joita tosin voisi osuvammin luonnehtia enkkupubeiksi. Niillä on ainakin Suomessa tyypillisesti englanninkieliset nimet, englanninkieliset opastekyltit ja sisustustaulut, englanninkieliset ruokalistat ja niissä soitetaan englanninkielistä musiikkia. Pahimmillaan henkilökuntakaan ei osaa palvella iiriksi – mutta ei myöskään suomeksi, vaan ainoastaan englanniksi. Näitä "irkkupubeja" tosin on monen junaan ja joissain sentään järjestetään irlantilaisen kansanmusiikin jameja, jolloin pubilla voi sanoa olevan edes jollain osa-alueella yhteys irlantilaiseen kulttuuriin. Yhteys jää kuitenkin hyvin löyhäksi ilman vahvaa panostusta iirin kielen näkyvyyteen ja kuuluvuuteen pubissa.

Oikea irkkupubi olisi nähdäkseni sellainen, jossa soitettaisiin levyltä ja elävänä pääasiassa iirinkielistä musiikkia ja jossa ruokalistat ja kaikki muut pubissa esillä olevat tekstit olisivat järjestelmällisesti sekä iiriksi että paikallisella kielellä tai kielillä (esim. Helsingissä siis sekä suomeksi että ruotsiksi). Parhaimmillaan oikea irkkupubi voisi toimia myös esimerkiksi iirin kielen opintopiirin kokoontumispaikkana, henkilökunta osaisi ainakin perusfraasit ja ruokalajien nimet iiriksi ja pubin nurkassa olisi kokonainen hyllyllinen iirinkielistä kirjallisuutta. Irlantilaisista oluista pubissa olisi tarjolla ainoastaan sellaisia, joitten etiketeissä tai valmistajien verkkosivuilla käytetään edes jossain määrin iiriä (esim. *9 Fia Bán*) tai joilla on vähintäänkin iirinkielinen tuotenimi (esim. *Beoir Chorca Dhuibhne*). Jos olutvalikoimasta tulisi tällä tavoin liian suppea, sitä voisi hyvin täydentää irlantilaisten kielellisten serkkujen eli kymriläisten oluilla samaa kieliperiaatetta noudattaen. Kuka perustaisi Suomeen ensimmäisen oikean irkkupubin? Tai kymripubin?

Iirin ääntäminen

Iirin kirjoitustapaa voisi luonnehtia monimutkaiseksi, mutta loogiseksi. Usein sanat ääntyvät aivan eri tavalla kuin kieltä osaamaton saattaisi kirjoitusasun perusteella ensinäkemältä kuvitella, mutta näinhän on monen muunkin kielen (mm. englannin) kohdalla. Iirin kirjoitustavan ja ääntämyksen välisen suhteen hahmottamiseksi on syytä ensinnäkin sisäistää, että kaikki ääntiöt eli vokaalit eivät äänny itsessään, vaan esiintyvät kirjoitusasussa ainoastaan ilmentääkseen viereisen kerakkeen eli konsonantin ääntämystä. Etuääntiötä (e, i) kirjoitusasussa edeltävä tai seuraava kerake ääntyy liudentuneena eli sen yhteydessä ääntyy pieni *j*:mäinen äänne. Takaääntiötä (a, o, u) edeltävä tai seuraava kerake ääntyy liudentumattomana eli "normaalisti". Esimerkiksi teetä merkitsevä iirin sana *tae* ääntyy kuten suomen *tee*, mutta iirissä *t*- ja *e*-kirjaimen väliin on lisättävä kirjoitusasussa takaääntiö *a* ilmaisemaan, että *t* ei äänny liudentuneena. Sana *te* sitä vastoin ääntyy /t^{j}e/ ja merkitsee kuumaa.

Edellä mainitusta säännöstä seuraa myös, että kerakkeen ympärillä voi kirjoitusasussa olla vain joko etu- tai takaääntiöitä, muttei koskaan molempia. Iirin kielessä ei esimerkiksi voisi olla sanaa, joka kirjoitettaisiin *cafe, koska silloin samaa *f*-kirjainta edeltäisi takaääntiö *a*, mutta seuraisi etuääntiö *e*. Siksi kahvia ja kahvilaa merkitsevä sana *caife* kirjoitetaankin siten, että *f*:n edelle lisätään kirjoitusasussa etuääntiö *i*, vaikka se itsessään ei äänny, vaan vaikuttaa vain *f*:n ääntymiseen: /kaf^{j}ə/

(Painottomassa tavussa lyhyt ääntiö redusoituu pääsääntöisesti /ə/:ksi, joka suomenkielisen korvaan muistuttaa lähinnä veltosti äännettyä ö:tä.)

Mistä sitten tietää, mikä kirjoitusasun ääntiöstä on tarkoitus ääntää ja mikä on mukana vain merkitsemässä kerakkeen ääntämystapaa? Yleispätevää sääntöä tähän ei ole, vaan on vain opeteltava ulkoa eri kirjainjonojen äännearvot, jotka löytyvät kootusti esimerkiksi englannisenkielisen wikipedian artikkeleista *Irish orthography* ja *Irish phonology*. Yleensä jokin peräkkäin kirjoitetuista ääntiöistä ääntyy sellaisenaan, mutta kirjainyhdistelmä *ao* on poikkeus. Siinä ei nimittäin äänny *a*:ta, muttei myöskään *o*:ta – vaan pitkä *ii* (tai joissain murteissa myös pitkä *ee*). Kirjainjono *ae* ääntyy pitkänä /ee/:nä ja sitä seuraava (!) kerake aina liudentumattomana, siis toisin kuin kirjoitusasussa *e*:tä seuraava kerake yleensä. Esim. *Gaeltacht* /geeltəht̃/ 'iirinkielinen alue'.

Aksenttimerkki ´ ääntiön päällä merkitsee pitkää ääntiötä:

clár /klaar/ 'ohjelma'

tír /t͡ʲiir͡ʲ/ 'maa'

mór /moor/ 'iso, suuri'

sú /suu/ 'mehu'

Fonologisella kirjoituksella esitetyissä ääntämisohjeissa saattaa nähdä pienen ˠ-merkin kerakkeen oikeassa yläkulmassa. Tällä merkitään liudentumatonta keraketta, joka etuääntiötä (yleensä /ii/:tä) edeltäessään aiheuttaa, että kerakkeen ja sitä seuraavan varsinaisen ääntiön välissä ääntyy hyvin lyhyt joko u:ta tai taka-i:tä [ɯ] muistuttava puoliääntiö. Fonologisessa kirjoituksessa myös takaääntiötä (a, o, u) edeltävän liudentumattoman kerakkeen oikeaan yläkulmaan saatetaan merkitä ˠ, mutta silloin se ei käytännössä äänny (poikkeuksena kirjainyhtymä *ao*, joka ääntyy etuääntiönä /ii/ kuten jo edellä kerrottiin).

saol /sᵛiil/ 'maailma, elämä'

maol /mᵛiil/ 'kalju'

naoi /nᵛii/ 'yhdeksän'

(Suomenkielinen voi yrittää jäljitellä ääntämystä sanomalla "suiil", "muiil" ja "nuii" siten, että ääntää u:n niin lyhyenä kuin vain pystyy.)

Ääntämyksen opiskelussa kannattaa ottaa avukseen sellaiset oppimateriaalit, joihin liittyy nauhoitteita. Sanalliset ja fonologisella kirjoituksella esitetyt kuvaukset iirin ääntämisestä saattavat olla vaikeita hahmottaa ilman hyviä pohjatietoa fonetiikasta ja fonologiasta. Aivan oma lukunsa on sitten vielä se, miten iirin ääntämystä yritetään joissain oppikirjoissa selittää äidinkielenään englantia puhuville. Näissä kirjoissa ääntämisohjeet esitetään siihen tyyliin, että iirin *mór* ääntyy kuin englannin *more* (varustettuna muistutuksella, että ärrää pitää pärisyttää) tai että sanassa *tír* ääntyy samanlainen vokaali kuin englannin sanassa *cheese*. Suomenkielisen lukijan kannalta tällaiset ohjeet ovat turhauttavia, sillä usein se englannin sana, jonka avulla iirin sanan ääntämystä yritetään opettaa, kertoo iirin sijaan pikemminkin englannin kirjoitustavan outouksista ja vie meikäläisittäin ajateltuna vain kauemmas maalista. (Eihän sanassa *tír* äänny suomen *ee*, vaan suomen *ii*!)

Kirjain *c* ääntyy iirissä aina *k*:na, lukuun ottamatta kirjainyhtymää *ch*. Se taas ääntyy takaääntiön edellä tai jäljessä kurkku-*h*:na (jota merkitsen ääntämisohjeissa *h̆*:lla) ja etuääntiön edellä tai jäljessä suomenkielisen korvaan tavallisempana *h*:na. Kirjainta *k* käytetään iirissä korkeintaan lainasanoissa, mutta niissäkin se korvataan useimmiten *c*:llä. Myös kirjain *j* esiintyy vain lainasanoissa ja ääntyy englantilaisittain /dž/:nä.

mac /mak/ 'poika (sukulaisuussuhteessa; vrt. ruotsin *son*, mutta ei *pojke*)'

deoch /dʲoȟ/ 'juoma'

oíche /iihə/ 'yö'

cileagram /kʲilʲəgram/ 'kilogramma'

jab /džab/ 'homma, duuni'

Kirjain *v* esiintyy iirissä vain lainasanoissa, mutta kirjainyhdistelmät *bh* ja *mh* ääntyvät pääsääntöisesti *v*:nä. Takaääntiön (a, o, u) edellä tai jäljessä ääntämys on joissain murteissa samanlainen puoliääntiö kuin englannin *w*.

sibh /šivʲ/ 'te'

nimh /nʲivʲ/ 'myrkky'

lámh /laav/ 'käsi'

vóta /vootə/ 'ääni (vaaleissa)'

Kirjain *s* ääntyy etuääntiön (i, e) edellä ja jäljessä suhuässänä. Kirjainyhdistelmä *sh* ääntyy sitä vastoin aina *h*:na. Myös kirjainyhdistelmä *th* ääntyy *h*:na, paitsi tavun lopussa, jossa se jää joskus kokonaan ääntymättä.

salann /salən/ 'suola'

iasc /iəsk/ 'kala'

22

seomra /šoomrə/ 'huone'

cáis /kaaš/ 'juusto'

athair /ahərʲ/ 'isä'

maith /ma(h)/ 'hyvä'

Etuääntiöisessä ympäristössä *g* saattaa liudentua niin voimakkaasti, että se ääntyy suomalaisen korvaan lähinnä *j*:ltä kuulostavana /ɟ/:nä.

gearr /ɟaar/ 'lyhyt'

geata /ɟatə/ 'portti'

Jos sanan alkuun sijoittuvaa kirjainyhdistelmää *dh* ja *gh* seuraa takaääntiö, se ääntyy velttoa *g*:tä muistuttavana [ɣ]:nä, jota merkitsen tässä paremman havainnollisuuden vuoksi /ğ/:llä. Pitkän takaääntiön jäljessä mainitut kirjainyhdistelmät jäävät ääntymättä. Etuääntiöisessä ympäristössä ne ääntyvät suomalaisen korvaan lähinnä *j*:ltä kuulostavana /ʝ/:nä. Tiettyjen verbimuotojen päätteissä ääntämys saattaa poiketa tässä esitetyistä säännöistä.

Kirjainyhdistelmä *ph* ääntyy *f*:nä, ja kirjainyhdistelmä *fh* puolestaan jää kaikissa äänneympäristöissä ääntymättä.

Iirissä kuten muissakin kelttiläisissä kielissä esiintyy mutaatioiksi kutsuttu kielioppi-ilmiö, jonka seurauksena sanan alkukerake vaihtuu toiseen tietyissä rakenteissa. Ns. pehmeä mutaatio eli iiriksi *séimhiú* vaikuttaa siten, että sanan alkukerakkeen (b, c, d, f, g, m, p, s, t) perään lisätään kirjoitusasussa *h*.

deas /dʲas/ 'kiva, mukava' --> *dheas* /ʝas/

donn /don/ 'ruskea' --> *dhonn* /ɣon/

geal /ʝal/ 'vaalea, valkoinen, kirkas' --> *gheal* /ʝal/

gorm /gorəm/ 'sininen' --> *ghorm* /ɣorəm/

pósta /poostə/ 'naimisissa oleva' --> *phósta* /foostə/

fada /fadə/ 'pitkä' --> *fhada* /adə/

Mutaation laukaisevia kielioppirakenteita on lukuisia, eikä niitä kaikkia käydä tässä läpi. Yhtenä esimerkkinä mainittakoon, että adjektiiviattribuutti mutatoituu määrittäessään yksiköllistä substantiivia, joka on kieliopilliselta suvultaan feminiini. Esim. *oíche fhada* 'pitkä yö'.

Feminiinisubstantiivit mutatoituvat nominaativissa määräisen artikkelin *an* perässä. Tästä ovat kuitenkin poikkeuksena *s*-alkuiset feminiinit, jotka muissa rakenteissa mutatoituvat *sh*:ksi, mutta määräisen artikkelin perässä pelkkänä /t/:nä ääntyväksi *ts*:ksi. Esim. *saoirse* 'vapaus' --> *an tsaoirse*.

Jos mutatoituva sana alkaa ja sitä edeltävä sana myös päättyy dentaalikerakkeeseen (*d*, *n*, *t*, *l*, *s*), jää mutaatio toteutumatta, vaikka kielioppirakenne muuten edellyttäisi mutaatiota. Muistisääntönä voi käyttää englannin kielen sanaa DeNTaLS. Esimerkiksi 'syvä joki' on siis *abhainn domhain*, eikä **abhainn dhomhain*, kuten mutaatiosäännöt normaalisti edellyttäisivät. (Kirjaani *Matkaopas gaelinkieliseen*

Skotlantiin sisältyy luku, jossa käsitellään myös iiriä ja siihen on päässyt livahtamaan viimeksi mainittu virheellinen muoto.)

Iirissä esiintyy myös toisenlainen mutaatio, jonka nimi on *urú*. Se aiheuttaa seuraavat muutokset sanan alkukerakkeelle:

p --> b

t --> d

c --> g

b --> mb (ääntyy pelkkänä /m/:nä)

d --> nd (ääntyy pelkkänä /n/:nä)

g --> ng (ääntyy /ŋ/:nä)

f --> bhf (ääntyy /v/:nä)

Urú-mutaatio esiintyy esimerkiksi preposition *i* jäljessä. Esim. *i nGaillimh* 'Gaillimhissa'.

Iirissä esiintyy samankaltainen ilmiö kuin savolais- ja pohjalaismurteissa, joissa tiettyjen kerakeyhtymien väliin ilmestyy ylimääräinen "loisääntiö" (loisvokaali) ja esimerkiksi sanasta *kolme* tuleekin *kolome*. Vastaavasti iirin sana *colm* ääntyy /koləm/. Sanalla on kaksi eri merkitystä: 'kyyhky' ja 'arpi'. Iirissä kerakeyhtymän väliin tuleva ääntiö on aina /ə/. Sääntö koskee useampia kerakeyhtymiä kuin suomen murteissa. Esimerkiksi *r*:llä alkavissa kerakeyhtymissä ei suomessa esiinny loisääntiötä, mutta iirissä myös *gorm* 'sininen' ääntyy /gorəm/.

25

Hyödyllisiä fraaseja

Dia duit! / Dia dhuit! = Terve!

Dia is Muire duit! = Terve! (vastauksena toisen tervehdykseen)

Maidin mhaith! = Hyvää huomenta!

Tráthnóna maith! = Hyvää iltapäivää!

Oíche mhaith! = Hyvää yötä!

Go raibh maith agat! = Kiitos!

Slán! = Näkemiin!

Sláinte! = Terveydeksi!

Fáilte! = Tervetuloa!

Tá fáilte romhat! = Tervetuloa sinulle!

Fáilte go dtí... = Tervetuloa... (johonkin)

An bhfuil Gaeilge agat? = Puhutko iiriä?

Tá (beagán) Gaeilge agam. = Puhun (vähän) iiriä.

An bhfuil biachlár Gaeilge agaibh? = Onko teillä iirinkielistä ruokalistaa?

Ba mhaith liom... = Haluaisin... (tilatessa)

Beidh ... agam. = Ottaisin... (tilatessa)

...le do thoil. = (Kohteliaisuusfraasi lauseen lopussa, vrt. engl. please)

Vuodenajat ja kuukaudet

geimhreadh 'talvi'

earrach 'kevät'

samhradh 'kesä'

fómhar 'syksy'

Eanáir 'tammikuu'

Feabhra 'helmikuu'

Márta 'maaliskuu'

Aibreán 'huhtikuu'

Bealtaine 'toukokuu'

Meitheamh 'kesäkuu'

Iúil 'heinäkuu'

Lúnasa 'elokuu'

Meán Fómhair 'syyskuu'

Deireadh Fómhair 'lokakuu'

Samhain 'marraskuu'

Nollaig 'joulukuu'

Ruokasanastoa

almóinn 'manteli'

anann 'ananas'

anlann 'kastike'

anraith 'keitto'

arán 'leipä'

bagún 'pekoni'

bainne 'maito'

banana 'banaani'

beacán 'sieni'

beoir 'olut'

bia 'ruoka'

biabhóg 'raparperi'

biachlár 'ruokalista'

bialann 'ravintola'

biatas 'punajuuri'

bradán 'lohi'

breac 'taimen'

bricfeasta 'aamiainen'

briosca 'keksi'

bróinse 'brunssi'

buidéal 'pullo'

buíocán 'keltuainen'

cabáiste 'kaali'

cáca 'kakku, leivos'

cadóg 'kolja'

caife 'kahvi, kahvila'

cainéal 'kaneli'

cainneann 'purjo'

cairéad 'porkkana'

cáis 'juusto'

calóga 'murot'

ceapaire 'täytetty leipä'

ceirtlis 'siideri'

cistin 'keittiö'

cnó 'pähkinä'

--> *cnó coill* 'hasselpähkinä'

cóilis 'kukkakaali'

coirce 'kaura'

cróch 'sahrami'

cruithneacht 'vehnä'

cúcamar 'kurkku'

cupán 'kuppi'

deoch 'juoma'

--> *deochanna* 'juomat'

donn 'ruskea'

fanaile 'vanilja'

feoil 'liha'

fínéagar 'etikka'

fíon 'viini'

fíonchaor 'viinirypäle'

fraochán 'mustikka'

fuar 'kylmä'

fuil 'veri'

fuisce 'viski'

gairleog 'valkosipuli'

gan '-ton, -tön'

--> *gan ghlútan* 'gluteeniton'

glasraí 'vihannekset'

gliomach 'hummeri'

gloine 'lasi'

glóthach 'hyytelö'

glútan 'gluteeni'

iasc 'kala'

im 'voi'

iógart 'jukurtti'

ispín 'makkara'

leann 'ale-olut'

--> *leann dubh* 'stout-olut'

--> *leann úll* 'siideri'

leite 'puuro'

leitís 'lehtisalaatti'

liamhás 'kinkku'

líomóid 'sitruuna'

lón 'lounas'

luibh 'yrtti'

mailp 'vaahtera'

mairteoil 'naudanliha'

marmaláid 'marmelaati'

meacan 'juures'

--> *meacan bán* 'palsternakka'

--> *meacan biatais* 'punajuuri'

--> *meacan dearg* 'porkkana'

mil 'hunaja'

milis 'makea'

milseán 'makeinen'

milseog 'jälkiruoka'

--> *milseoga* 'jälkiruuat'

muiceoil 'sianliha'

muisiriún 'sieni'

mustard 'sinappi'

oinniún 'sipuli'

oisre 'osteri'

ola 'öljy'

ológ 'oliivi'

oráiste 'appelsiini'

pancóg 'pannukakku'

peirsil 'persilja'

piobar 'pippuri'

pióg 'piirakka'

pionta 'tuoppi'

piorra 'päärynä'

píotsa 'pitsa'

pis 'herne'

pláta 'lautanen'

pluma 'luumu'

plúr 'jauho'

pónaire 'papu'

práta 'peruna'

putóg bhán 'ryynimakkara'

putóg dhubh 'verimakkara'

raidis 'retiisi'

rís 'riisi'

rísín 'rusina'

saghdar 'siideri'

sailéad 'salaatti'

--> *sailéad torthaí* 'hedelmäsalaatti'

salann 'suola'

sceallóga 'ranskalaiset'

sicín 'kana'

scóna 'skonssi'

seacláid 'suklaa'

--> *seacláid the* 'kaakao'

silín 'kirsikka'

síoróip 'siirappi'

--> *síoróip mhailpe* 'vaahterasiirappi'

siúcra 'sokeri'

slisín 'siivu, viipale'

sméar 'marja'

spionáiste 'pinaatti'

spíosra 'mauste'

stéig 'pihvi'

stobhach 'muhennos'

sú 'mehu; marja'

--> *sú craobh* 'vadelma'

--> *sú líomóide* 'sitruunamehu'

--> *sú oráiste* 'appelsiinimehu'

--> *sú talún* 'mansikka'

--> *sú torthaí* 'hedelmämehu'

subh 'hillo'

tae 'tee'

taifí 'toffee'

taos 'taikina, tahna'

taoschnó 'munkkirinkilä'

te 'kuuma'

tím 'timjami'

toradh 'hedelmä'

--> *torthaí* 'hedelmät'

tósta 'paahtoleipä'

tráta 'tomaatti'

trosc 'turska'

tuinnín 'tonnikala'

turcaí 'kalkkuna'

uachtar 'kerma'

--> *uachtar reoite* 'jäätelö'

uaineoil 'lampaanliha'

ubh 'muna'

--> *ubh bhruite* 'keitetty muna'

--> *ubh fhriochta* 'paistettu muna'

--> *ubh scallta* 'haudutettu muna'

--> *ubh scrofa* 'munakokkeli'

uibheagán 'munakas'

uisce 'vesi'

--> *uisce beatha* 'viski' (kirjaimellisesti: 'elämän vesi')

úll 'omena'

veigeatórach 'vegetaarinen'

Maastosanastoa

aill (f.) 'jyrkänne, rantakallio'

abhainn (f.) 'joki'

bá (f.) 'lahti'

bruach (m.) 'ranta, törmä'

caolas (m.) 'salmi'

carraig (f.) 'kallio, kivi'

cloch (f.) 'kivi'

cnoc (m.) 'mäki'

coill (f.) 'metsä'

cósta (m.) 'rannikko'

cuan (m.) 'lahti, poukama'

eas (m.) 'vesiputous'

eiscir (f.) 'harju'

fána (f.) 'rinne'

fánsruth (m.) 'koski'

farraige (f.) 'meri'

gleann (m.) 'laakso'

inbhear (m.) 'joensuu'

inis (f.) 'saari'

léana (m.) 'nurmi'

leithinis (f.) 'niemimaa'

loch (m.) 'järvi'

móinéar (m.) 'niitty'

muir (f.) 'meri'

oileán (m.) 'saari'

portach (m.) 'suo'

riasc (m.) 'marskimaa, kosteikko, suo'

ros (m.) 'niemi'

sliabh (m.) 'vuori'

sruth (m.) 'virta'

sruthán (m.) 'puro, oja'

talamh (m.) 'maa(perä)'

tír (f.) 'maa'

trá (f.) '(uima)ranta'

Irlannin puut ja pensaat

aiteal 'kataja' (Juniperus communis)

aiteann gaelach 'pikkupiikkiherne' (Ulex gallii)

aiteann gallda 'euroopanpiikkiherne' (Ulex europaeus)

beith chlúmhach 'hieskoivu' (Betula pubescens)

beith gheal 'rauduskoivu' (Betula pendula)

caithne 'mansikkapuu' (Arbutus unedo)

caor chon 'koiranheisi' (Viburnum opulus)

caorthann '(koti)pihlaja' (Sorbus aucuparia)

coll 'pähkinäpensas' (Corylus avellana)

crann creathach 'haapa' (Populus tremula)

crann fia-úll 'metsäomenapuu' (Malus sylvestris)

crann silíní fiáin 'imeläkirsikka' (Prunus avium)

crann sníofa 'virpapaju' (Salix aurita)

cuileann 'orjanlaakeri' (Ilex aquifolium)

dair ghaelach 'talvitammi' (Quercus petraea)

dair ghallda '(metsä)tammi' (Quercus robur)

donnroisc 'tuomi' (Prunus padus)

draighean 'oratuomi' (Prunus spinosa)

draighean fearna 'korpipaatsama' (Frangula alnus)

dris 'karhunvatukka' (Rubus fruticosus)

eidhneán 'muratti' (Hedera helix)

fearnóg '(terva)leppä' (Alnus glutinosa)

feirdhris 'koiranruusu' (Rosa canina)

féithleann 'ruotsinköynnöskuusama' (Lonicera periclymenum)

feoras '(euroopan)sorvarinpensas' (Euonymus europaeus)

fionncholl 'saksanpihlaja' (Sorbus aria)

fuinseog 'saarni' (Fraxinus excelsior)

giolcach shléibhe 'jänönvihma' (Cytisus scoparius)

iúr 'marjakuusi' (Taxus baccata)

leamhán sléibhe 'vuorijalava' (Ulmus glabra)

paide bréan 'orapaatsama' (Rhamnus cathartica)

péine Albanach '(metsä)mänty' (Pinus sylvestris)

sailchearnach 'raita' (Salix caprea)

saileach liath 'tuhkapaju' (Salix cinerea)

sceach gheal 'tylppöorapihlaja' (Crataegus monogyna)

trom 'mustaselja' (Sambucus nigra)

Verkkosivuja iirin opiskelun tueksi

Perusfraaseja ja -sanastoa.

https://www.bbc.co.uk/northernireland/colinandcumberland/littleblackbook

https://inirish.bitesize.irish

https://www.capeclearbandb.ie/cupla_focal_learn_irish

Iirin alkeiskursseja.

http://www.easyirish.com

https://www.ranganna.com/Cursa.aspx?ID=38

Skotlanningaeli-iiri ja manksi-iiri -sanakirjat.

http://www.intergaelic.com

Iiri-englanti-sanakirjoja.

http://www.potafocal.com

https://www.teanglann.ie

Iirinkielisiä palveluita paikkakunnittain

Tässä osiossa esitellään ns. gaeltacht-alueita, joille iirin kielestä kiinnostuneen matkailijan kannattaa suunnata. Riippuen alueesta iiri on joko säilyttänyt asemansa paikallisyhteisön pääkielenä tai sitten sitä puhuu arkikielenään ainakin merkittävän kokoinen vähemmistö. Alueet käydään läpi aloittaen Irlannin etelärannikolta ja jatkaen sitten rannikkoa myötäillen myötäpäivään, kunnes päädytään lopulta Pohjois-Irlantiin ja sieltä takaisin Irlannin tasavaltaan ja sen pääkaupunkiin Baile Átha Cliathiin (engl. Dublin), josta ei toki löydy varsinaisia gaeltacht-alueita, mutta joka on silti käsittelyn arvoinen tässäkin kirjassa.

Kunkin erillisen gaeltacht-alueen esittelyssä lähtökohdaksi on otettu jokin julkisella liikenteellä saavutettavissa oleva paikkakunta. Nämä kulkuyhteyksien kannalta keskeiset paikkakunnat on luettelossa lihavoitu, mutta niiden yhteydessä saatetaan esitellä myös muita alueen paikkakuntia. Kaikista paikkakunnista käytetään tässä ensisijaisesti iirinkielistä nimeä riippumatta siitä, sijaitseeko paikkakunta gaeltacht-alueella vai ei. Gaeltacht-alueilla paikkakuntien ainoat viralliset nimimuodot ovat iiriä ja esimerkiksi tienviitoissa ei siis käytetä näillä alueilla lainkaan englantia. Tästä huolimatta Bus Éireannin verkkosivuilta (jotka ovat muutenkin yksikielisesti englanniksi) löytää jopa gaeltacht-alueitten paikkakunnat aikatauluhausta vain niiden englanninkielisillä nimillä. Mainitsenkin tästä syystä joittenkin paikkakuntien iirinkielisen nimen perässä suluissa myös englanninkielisen nimen.

Nimien kirjoitusasut saattavat lisäksi vaihdella niin, että joko iiriksi tai englanniksi esiintyy useampaa kuin yhtä asua. Ei ole kovin harvinaista, että Bus Éireannin aikatauluhaussa käytetty englanninkielinen kirjoitusasu on eri kuin Googlen kartassa käytetty. Ja kun kyseessä on gaeltacht-alueella sijaitseva paikka, niin kumpikaan näistä englanninkielisistä nimimuodoista ei tietenkään ole edes virallinen, vaan tienviitoissa esiintyy vain iirinkielinen nimi. Gaeltacht-alueitten ulkopuolella tienviitoissa esiintyy rinnakkain sekä iirin- että englanninkielinen nimi. Silloin kun mainitsen iirinkielisen ohella myös englanninkielisen nimen, käytän Bus Éireannin aikatauluhaun mukaista muotoa.

Liikenneyhteyksien lisäksi osion tarkoituksena on esitellä kultakin paikkakunnalta iiriä edes jonkin verran käyttäviä palveluntarjoajia. Iiriä oppimaan tai käyttämään pyrkivän matkailijan on tietysti luontevaa valita esimerkiksi ravintola sillä perusteella, että ruokalistassa käytetään iiriä. Kuitenkin oma pyrkimys oppia tai käyttää kieltä on kuitenkin vasta toissijainen motivaatio tällaisille kulutusvalinnoille. Riippumatta siitä, mitä kieltä tai kieliä itse puhuu tai opiskelee, on suositeltavaa kiinnittää palveluntarjoajaa valitessaan huomiota kielikysymyksiin. Minkä tahansa kielen elinvoimaisuuden kannalta on olennaista, että kieltä käytettäisiin mahdollisimman laajalti myös kaupallisten palveluitten kielenä. Ja että tähän tavoitteeseen päästäisiin, on löydyttävä asiakaskuntaa, joka arvostaa paikalliskielelle annettua näkyvyyttä kulutuspäätöksiä tehdessään.

Olen joutunut listaamaan palveluntarjoajia melko löysin kriteerein. Esimerkiksi Kymrinmaahan verrattuna Irlannissa on tavattoman harvinaista törmätä ravintolassa täysin kaksikieliseen ruokalistaan. Tyypillisesti jos iiriä esiintyy ruokalistassa, sitä käytetään vain otsikkotasolla eli esimerkiksi sanat "pääruuat" ja "jälkiruuat" saattavat olla kaksikielisesti iiriksi ja englanniksi – mutta niitten alla varsinaiset ruokalajien nimet vain englanniksi. Tämä on tietysti parempi kuin ei mitään, mutta käytäntö jättää iirin kielen käytön lähinnä symboliseksi. Informatiivinen käyttö olisi keskeisempää kielen elinvoimaisuuden kannalta. Tällä tarkoitan sellaisia sisältöjä, joita asiakas ensisijaisesti tarvitsee. Jos hotellin verkkosivuilla lukee iiriksi "tervetuloa", se on kielen symbolista käyttöä. Mutta jos huoneitten hinnoista, varustelutasosta tai kulkuyhteyksistä majapaikkaan kerrotaan iiriksi (tai käytännössä kaksikielisesti), kyseessä on jo kielen informatiivinen käyttö.

An Rinn (äännetään "ön rain") tai toiselta nimeltään **Rinn Ó gCuanach** on noin tuhannen asukkaan kokoinen kunta maan etelärannikolla Port Láirgen kreivikunnassa (Contae Phort Láirge). Yhdessä pienemmän An Sean Phobalin kanssa se muodostaa Déisen gaeltacht-alueen (Gaeltacht na nDéise). Toisin kuin suurimmalla osalla gaeltacht-alueista Déisessä iirin puhujien määrä kasvoi aavistuksen verran vuosien 2011 ja 2016 väestönlaskentojen välillä. An Rinniin ja muihin alueen kyliin pääsee Dún Garbhánin (engl. Dungarvan) ja Aird Mhórin (engl. Ardmore) väliä liikennöivällä paikallisbussilla nro 361.

https://www.locallinkwaterford.ie/bus-timetables

- Tionól Nioclás Tóibín: Paikallisen kansanlaulajan Nioclás Tóibínin (1928-94) mukaan nimetty, vuosittain helmikuussa järjestettävä kansanmusiikkifestivaali tiedottaa facebook-sivullaan järjestelmällisesti iiriksi. Osa kirjoituksista on yksikielisesti iiriksi, ja kaikissa kaksikielisissä kirjoituksissa iirinkielinen osio on aina ennen englanninkielistä.

https://www.facebook.com/tionol.nioclas

- Nuadán: Alueelta kotoisin oleva kansanmusiikkiyhtye kirjoittaa facebook-sivullaan aina joko yksikielisesti iiriksi tai kaksikielisesti siten, että iirinkielinen osio on ennen englanninkielistä. Myös twitter-sivulla iiri on vahvasti esillä. Yhtye laulaa sekä iirin- että englanninkielisiä kansanlauluja.

https://www.facebook.com/nuadantrad

https://twitter.com/nuadantrad

- An Fíodóir B&B: Aamiaismajoitusta tarjoavan majatalon facebook-sivulla osa kirjoituksista on iiriksi.

https://www.facebook.com/anrinnbedandbreakfast

- Tigh Muirithe: Pubin facebook-sivulla osa kirjoituksista on iiriksi.

https://www.facebook.com/Tigh-Muirithe-Heilbhic-1012542308760166

Cléire eli **Oileán Chléire** on vajaan seitsemän neliökilometrin kokoinen saari Corcaigh'n kreivikunnassa (Contae Chorcaí) ja koko Irlannin eteläisin asuttu kolkka. Cléire muodostaa yksin oman gaeltacht-alueensa, eikä lähempänä mannerta sijaitseva naapurisaari Inis Arcáin kuulu siihen. Sekä *oileán* että *inis* merkitsevät saarta. Vielä 1840-luvun alussa ennen Irlannin suurta nälänhätää molemmilla saarilla oli yli tuhat asukasta, mutta nykyiset asukasluvut yltävät vain nippanappa edes kolminumeroisiin lukuihin. Vuoden 2016 väestönlaskennassa 62 % Cléiren asukkaista ilmoitti osaavansa iiriä ja 27 % käyttävänsä sitä päivittäisenä arkikielenään.

Saarelle pääsee lautalla mantereelta Dún na Séadin (engl. Baltimore) ja An Scoilin (engl. Schull) kylistä. Lauttayhtiön verkkosivut olivat vuoteen 2019 saakka kaksikieliset ja nämä sivut ovat edelleen (v. 2021) olemassa, vaikkei niitä päivitetäkään. Uudet verkkosivut sen sijaan ovat yksikielisesti englanniksi. Kymmeniä kieliä sisältävä kielivalikko on pelkkää hämäystä, sillä siitä saa vain kehnoja englantiin pohjautuvia konekäännöksiä. Bus Éireannin linja nro 237 liikennöi Corcaigh'sta (engl. Cork) molempiin lähtösatamiin An Sciobairínin (engl. Skibbereen) kautta.

http://www.cailinoir.com (lauttayhtiön vanhat verkkosivut iiriksi ja englanniksi)

https://www.capeclearferries.com (lauttayhtiön uudet verkkosivut vain englanniksi)

- Ard na Gaoithe (Cape Clear B&B): Aamiaismajoitusta tarjoavan majatalon verkkosivuilla suurin osa sisällöstä on kaksikielisesti, mutta englanninkieliset tekstiosiot valitettavasti sijoitettu iirinkielisten edelle. Sivuilla kerrotaan, että koko majataloa ylläpitävä perhe puhuu sujuvaa iiriä ja matkailijoitakin kannustetaan hyödyntämään tämä mahdollisuus iirin taitojensa harjoittamiseen.

https://www.capeclearbandb.ie

https://www.facebook.com/capeclearbnb

- Cuas an Uisce: Loma-asunnon verkkosivuilla osa sisällöstä suurehko osa on kaksikielisesti, mutta osa vain englanniksi. Kaikissa kaksikielisissä osioissa iirinkielinen teksti on sijoitettu ennen englanninkielistä.

http://www.capeclear-oileanchleire.com

- An Brú (Cape Clear Hostel): Hostellin verkkosivut ovat valitettavasti ainoastaan englanniksi, mutta sivuilla kerrotaan, että hostellia pyörittää saarelta kotoisin oleva iirinkielinen perhe.

http://capeclearhostel.ie

- Gael-Taca: Koska julkista liikennettä käyttävä joutuu joka tapauksessa matkustamaan Cléiren saarelle Corcaigh'n kautta, lienee paikallaan mainita tämä kaupungissa majaansa pitävä iirin käyttöä edistävä järjestö. Sen toimistosta osoitteesta 22 Port Uí Shúilleabháin (engl. 22 Sullivan's Quay) löytyy myös kirjakauppa ja kahvila, jossa kannattanee piipahtaa, jos bussin vaihdolta jää aikaa.

http://www.gaeltaca.ie

https://www.facebook.com/gaeltaca

Baile Bhuirne (engl. Ballyvourney) on Corcaigh'n kreivikuntaan (Contae Chorcaí) sijoittuvan Múscraín gaeltacht-alueen (Gaeltacht Múscraí) suurin kylä. Nimen kirjoitusasu vaihtelee ja esiintyy joskus myös muodoissa Baile Bhúirne ja Baile Mhúirne. Kylän halki virtaa An Sulán -niminen joki, joka on kieliopilliselta suvultaan maskuliini. Yleensä jokien nimet ovat iirissä feminiinejä, kuten myös jokea tarkoittava sana *abhainn*.

Kylä sijaitsee Corcaigh'n (engl. Cork) ja Cill Airnen (engl. Killarneyn) välisellä tieosuudella. Bus Éireannin linja nro 40 ajaa reittiä Ros Láir (Rosslare) - Port Láirge (Waterford) - Dún Garbhán (Dungarvan) - Corcaigh (Cork) - Baile Bhuirne (Ballyvourney) - Cill Airne (Killarney) - Trá Lí (Tralee). Tämä linja on keskeinen muihinkin Etelä- ja Lounais-Irlannin gaeltacht-alueisiin tutustumisen kannalta, sillä jatkoyhteydet näille alueille lähtevät Dún Garbhánista, Corcaigh'sta, Cill Airnesta ja Trá Lístä.

- Éigse Dhiarmuid Uí Shúilleabháin (tai lyhyemmin Éigse Dhiarmuidin): Paikallisen kansanlaulajan Diarmuid Ó Súilleabháinin (1947-91) kunniaksi vuosittain järjestettävä kansanmusiikkifestivaali sijoittuu joulukuun ensimmäiseen viikonloppuun. Verkkosivujen pääkielenä on iiri. Monista kirjoituksista esitetään englanniksi vain tiivistelmä ja iirinkieliset osiot on aina sijoitettu englanninkielisten yläpuolelle. Facebook-sivun kielikäytännöt ovat samanlaiset tai jopa vielä edistyksellisemmät, sillä monet kirjoitukset ovat yksikielisesti vain iiriksi.

https://www.eigse.ie

https://www.facebook.com/eigse

- An Muileann (Mills Inn): Hotelli, jonka yhteydessä toimii myös ravintola ja matkamuistomyymälä. Verkkosivut ovat suurimmalta osin yksikielisesti englanniksi, mutta niiltä löytyy lyhyt iirinkielinen osio. Ruokalistassa otsikot (esim. sanat "alkuruuat" ja "pääruuat") ovat kaksikielisesi siten, että englanninkielinen sana on ensin ja sitä seuraa iirinkielinen sana. Näitten otsikoitten alta löytyvät ruokalajien nimet ovat kuitenkin vain englanniksi, mikä on valitettavaa, sillä juuri ruokalajien nimethän ovat tilauksen tekemisen kannalta olennaisinta informaatiota ja niitten puuttuminen heikentänee merkittävästi iirin suullista käyttöä asiakaspalvelutilanteissa. Iirinkieliset otsikot ovat toki parempi kuin ei mitään ja onkin hyvin tyypillistä, että niissä harvoissa ravintoloissa, joissa iiriä ylipäänsä näkee ruokalistassa, sen käyttö rajoittuu juuri otsikoihin. Matkailijan kannattaakin ottaa asiakaspalautteen antaminen säännölliseksi tavaksi ja ehdottaa ruokalistojen iirintämistä kaikissa asioimissaan ravintoloissa.

http://www.millsinn.ie/default.aspx?treeid=279

https://www.facebook.com/themillsinn

- Óstán Ghobnatan (Abbey Hotel): Tämänkin hotellin yhteydessä toimii pubiravintola. Ruokalistassa on otsikot kaksikielisesti, mutta ruokalajien nimet vain englanniksi samoin kuin edellä mainitussa An Muileannissa. Facebook-sivulla käytetään toisinaan myös iiriä. Lauantai-iltaisin pubissa järjestetään kansanmusiikkijamit.

https://abbeyhotelballyvourney.com

https://www.facebook.com/abbeyhotel.abbeyhotel.3

https://www.instagram.com/ostanghobnatan

- 9 Fia Bán (9 White Deer): Paikallisen pienpanimon verkkosivut ovat täysin kaksikieliset, joten tämän suositeltavampaa olutmerkkiä Irlannista on vaikea löytää. Kielivalikko on sivun yläkulmassa, josta iirinkieliseen versioon pääsee napauttamalla Irlannin lippua ja englanninkieliseen versioon napauttamalla Iso-Britannian lippua. Tällainen symboliikka toimiikin hyvänä muistutuksena siitä, että englanti on Iso-Britannian kolonialismin jäänne, eikä missään nimessä Irlannin oma kieli. Panimon facebook- ja twitter-sivuilla tosin käytetään vain englantia. Tehtaanmyymälän nimikyltissä esiintyy rinnakkain sekä iirin- että englanninkielinen nimimuoto, mutta pullojen etiketeissä lukee valitettavasti vain englanniksi "9 White Deer". Joissain tuotenimissä (Stag Bán ja Stag Rua) sekoitetaan iiriä ja englantia: *stag* 'isokaurisuros' on englantia, mutta *bán* 'valkoinen, vaalea' ja *rua* 'punainen' iiriä. Isokauris on iiriksi *fia*.

https://www.9whitedeer.ie

https://www.facebook.com/9WhiteDeer

https://twitter.com/9whitedeer

- Folláin: Hillotehtaan nimi on iiriä ja tarkoittaa terveellistä. Tuotemerkin ja valmistuspaikkakunnan nimeä lukuun ottamatta kaikki tekstit purkkien etiketeissä ovat kuitenkin vain englanniksi, kuten myös varsinaiset verkkosivut. Facebook-sivun kirjoitukset ovat useimmiten kaksikielisiä.

http://www.follain.ie

https://www.facebook.com/FollainIrishPreserves

- An Crúiscín Lán Café: Kahvilan nimi on iiriä tarkoittaa täyttä maitokannua: *an* '(määräinen artikkeli)'; *crúiscín* 'maitokannu'; *lán* 'täysi'. Facebook-, twitter- ja instagram-sivuilla käytetään valitettavasti vain englantia. Ruokalistassa iiriä esiintyy saman verran kuin edellä mainitussa An Muileannissa, eli vain otsikkotasolla, mutta ei tilattavien ruokalajien nimissä.

https://www.facebook.com/CruiscinLanCafe/photos/pcb.197575058634003/197574888634020

https://twitter.com/CruiscinLanCafe

https://www.instagram.com/cruiscinlancafe

- Koko Múscraín alueen iirinkielisin kylä on noin kolme kilometriä Baile Bhuirnestä lounaaseen sijaitseva Cúil Aodha (engl. Coolea). Kylä on hyvin pieni, eikä sinne kulje linja-autoa. Kylässä valmistetaan Coolea Cheese -nimistä juustoa. Valmistajan verkkosivut ovat valitettavasti vain englanniksi, mutta näitä juustoja voinee joka tapauksessa suositella, sillä paikalliset yritykset ainakin luovat työpaikkoja alueelle, eivätkä iirinkieliset paikallisyhteisöt säily, jos kaikkien nuorten täytyy muuttaa kotiseudultaan pois saadakseen töitä. Facebook-sivulla iiriä näkyy satunnaisesti.

http://www.cooleacheese.com

https://www.facebook.com/CooleaCheese

- Múscraín toiseksi iirinkielisin kylä on Béal Átha an Ghaorthaidh (engl. Ballingeary). Tämäkin kylä on hyvin pieni, mutta sinne liikennöi Corcaigh'sta Maigh Chromthan (engl. Macroom) ja Inse Geimhleachin (eng. Inchigeela) kautta Bus Éireannin linja nro 233. Kylässä toimii gluteenittomia leivonnaisia valmistava Bia Ganbreise. Valmistajan verkkosivut ovat vain englanniksi, mutta paikallisyhteisön tukemiseksi näitäkin tuotteita kannattaa ostaa alueen kaupoista. Tuotemerkin tunnistaa Bia's-logosta pakkauksessa. Kylässä pitää majaansa myös iirinkieliseen kirjallisuuteen erikoistunut kirjakauppa Litríocht, joka palvelee verkkokauppanakin. Kirjakaupan sivut ovat täysin kaksikieliset.

https://www.freefromfoods.ie

https://www.litriocht.com

Baile an Sceilg on kylä Uíbh Ráthachin niemimaalla Ciarraín kreivikunnassa (Contae Chiarraí). Kylällä lähiympäristöineen on gaeltacht-alueen status, mutta muihin gaeltachteihin verrattuna alueella puhutaan melko vähän iiriä. Tätä kirjoittaessani (v. 2021) en onnistunut löytämään alueelta yhtäkään kauppaa, ravintolaa tai majoituspalvelua, joka käyttäisi verkkosivuillaan tai sosiaalisessa mediassa edes hieman iiriä. Yksittäisiin iirin puhujiin alueella voi toki törmätä, mutta kulttuurisesti vastuullisen matkailijan on näistä lähtökohdista vaikea tehdä paikalliskielen elinvoimaisuutta tietoisesti tukevia kulutusvalintoja. Oikeastaan ainoa asia, johon tällä alueella voi kiinnittää huomiota, ovat majoituspalveluitten ja ravintoloitten nimet. Kannattaa siis ainakin valita sellainen majapaikka, jolla on iirinkielinen nimi. Niitä onneksi paljon, esimerkiksi *Glór an Sruthán* 'Puron solina' ja *Torann na dTonn* 'Aaltojen pauhu' (glór = 'ääni'; sruthán = 'puro'; torann = 'ääni (kova)'; tonn = 'aalto'). Kylässä on myös kahvila, jolla on iirinkielinen nimi: *Caife Cois Trá* 'Rantakahvila' (caife = 'kahvi, kahvila'; cos 'jalka'; trá 'ranta').

https://www.facebook.com/cafecoistra

Bussi ei kulje Baile an Sceilgiin saakka, mutta lähimmäksi pääsee Bus Éireannin linjalla nro 279A, joka ajaa reittiä Cill Airne (Killarney) - Cill Orglan (Killorglin) - Cathair Saidhbhín (Cahersiveen) - An Coireán (Waterville). Viimeksi mainittu päätepysäkki sijaitsee kylässä, jota itsessään ei lueta gaeltacht-alueisiin, mutta jota ympäröivät pienet gaeltacht-saarekkeet usealla suunnalla. Baile an Sceilg sijaitsee An Coireánista länteen, mutta myös idästä löytyy gaeltacht-kyliä. An Coireánista muutama kilometri koilliseen löytyy edullista majoitusta gaeltacht-alueella sijaitsevasta Dromid Hostellista, jonka verkkosivut tosin ovat valitettavasti vain englanniksi. Kylän nimi on iiriksi vaihtoehtoisesti joko Dromod tai An Dromaid. Kyläyhteisön verkkosivut ovat täysin kaksikieliset.

http://www.hosteldromidwaterville.com

http://www.dromid.ie/public_html/index-irish.html

An Coireánin (engl. Waterville) keskuskylässä harvalla palvelulla on edes iirinkielistä nimeä, mutta poikkeuksen tästä muodostavat ainakin majatalo *Ceol na Mara* ja ravintola *An Corcán*.

https://www.ceolnamarawaterville.com

https://ancorcan.com

An Daingean tai toiselta nimeltään **Daingean Uí Chúis** (engl. Dingle) on Corca Dhuibhnen niemimaan suurin kylä Lounais-Irlannissa Ciarraín kreivikunnassa (Contae Chiarraí). Koko niemimaan länsipuolisko gaeltacht-aluetta. Myös An Daingean kuuluu alueeseen, mutta joissain lähiseudun pienemmissä kylissä puhutaan iiriä enemmän kuin keskuskylässä. Iirinkielisimmästä päästä ovat kylät An Fheothanach (engl. Feohanagh), An Buailtín eli toiselta nimeltään Baile an Fheirtéaraigh (engl. Ballyferriter), Baile na nGall (engl. Ballydavid) ja Dún Chaoin (engl. Dunquin). Bus Éireannin linja nro 275 liikennöi reittiä Trá Lí (Tralee) - Abhainn an Scáil (Annascaul) - Lios Póil (Lispole) - An Daingean (Dingle). Niemimaan pohjoisempiin osiin liikennöi reitti 273 Trá Lí (Tralee) - An Clochán (Cloghane). Lisäksi An Daingeanista lähtee TFI Local Link Kerryn paikallisbusseja pikkukyliin.

https://www.locallinkkerry.ie/Dingle

Keskuskylästä ei löydy iirin kieltä verkkosivuillaan käyttäviä majapaikkoja, joten kylässä majoittuva ei voine varausta tehdessään kiinnittää huomiota muuhun kuin majapaikkojen nimiin. Kielen loistaessa muuten poissaolollaan, on suositeltavaa varata sellainen majapaikka, jolla on edes iirinkielinen nimi kuten Barr na Sráide, 4 Cois Chnoic, An Caladh Spáinneach, Fáilte Isteach B&B Dingle tai Sráid Eoin House (joista viimeksi mainittu kyllä valitettavasti kirjoittaa verkkosivuillaan nimensä virheellisesti ilman pitkän vokaalin merkkiä a:n päällä).

Ravintoloissa suositeltavimmasta päästä on Solas Tapas & Wine Bar, jonka ruokalistassa edes otsikot (kuten "kala", "liha" ja "vihannekset") ovat iiriksi (ja vieläpä yksinomaan iiriksi), vaikka otsikoitten alla varsinaiset ruokalajien nimet sitten ovatkin valitettavasti vain englanniksi. Ravintolan nimi Solas on iiriä ja tarkoittaa valoa. Iirinkielinen nimi on myös seuraavilla ravintoloilla: Cupán Tae, An Droichead Beag, An Chonair, Tír na Rí. O'Flaherty'sissä pidetään keskiviikkoa lukuun ottamatta kaikkina muina viikonpäivinä klo 21.30 alkavat kansanmusiikkijamit, mutta pubin verkkosivut ovat valitettavasti yksikielisesti englanniksi. Alueella vaikuttaa muun muassa äidinkielenään iiriä puhuva muusikko ja laulaja Muireann

Nic Amhlaoibh, joka kirjoittaa facebook-sivullaankin usein iiriksi.

https://www.solastapas.com/#menu-section

http://www.oflahertysdingle.com/Music-Sessions.html

https://www.facebook.com/MuireannNicA

Lihatuotteita valmistava Micilín Muc käyttää facebook-sivullaan toisinaan iiriä. Leipomo Bácús Bhréanainnin verkkosivuilla on lyhyt esittelyteksti kaksikielisesti. Näitten kahden valmistajan tuotteita kannattaakin siis suosia. The Little Cheese Shop ei yhtä iskulausetta lukuun ottamatta käytä verkkosivuillaan lainkaan iiriä, mutta kaupan julkisivussa on kolmen eläimen kuvat ja niitten alla näitten iirinkieliset nimet: *bó* 'lehmä'; *gabhar* 'vuohi'; *caora* 'lammas'. Ainakin juustomerkki Cáis na Tíre on nimetty iiriksi. An Daingeanissa järjestetään vuosittain syys- tai lokakuussa myös ruokafestivaali Féile Bia Daingean Uí Chúis (engl. Dingle Food Festival), jonka ohjelmalehtinen on osittain kaksikielinen.

https://www.facebook.com/thedinglesausagecompany

https://www.bacus.ie

https://www.facebook.com/TheLittleCheeseShop/photos/a.1816889678368946/4065369933520898

https://caisnatire.ie

https://www.dinglefood.com/wp-content/uploads/2019/09/2019-Dingle-Food-Festival-Brochure.pdf (esimerkkinä vuoden 2019 ohjelmalehtinen)

Iirinkielisen televisiokanavan TG4:n sarjassa *Dúiseacht* seurattiin vuonna 2020 useitten Corca Dhuibhnen iirinkielisten asukkaitten ja yrittäjien arkea koronaviruspandemian iskiessä. Sarjassa haastateltiin mm. An Daingeanissa toimivan The Fish Box -ravintolan iirinkielistä omistajaperhettä. Tästä voinee vetää johtopäätöksen, että kyseisessäkin ravintolassa voi tilata iiriksi, vaikkei ravintola käytäkään iiriä lainkaan verkkosivuillaan ja nimikin on englantia. Edellä mainitun Micilín Mucinkin iirinkielistä omistajaa haastateltiin sarjassa, kuten myös useitten niemimaan pienemmissä kylissä toimivien perheyritysten omistajia. Esimerkiksi Com Dhíneolin (engl. Coumeenoole) kylässä sijaitsevaa Caife na Tráta ja Ceann Trássa (engl. Ventry) sijaitsevaa Tigh Uí Chuinniä (engl. Quinn's) pyörittävät iirinkieliset perheet. Näitten ravintoloitten facebook-sivuilla käytetään silloin tällöin jonkin verran iiriä. Ceann Trán postitoimiston yhteydessä toimiva kyläkauppa Siopa Uí Lúing (ei televisio-ohjelmassa) käyttää facebook-sivullaan melko järjestelmällisesti iiriä, tosin sijoitettuna yleensä vasta englanninkielisen tekstiosion perään. Myös Ceann Trássa sijaitsevan Páidí Ó Sé's Pubin (ei ohjelmassa) facebook-sivulla käytetään jonkin verran iiriä.

https://www.facebook.com/caifenatra

https://www.facebook.com/Quinnsofventry

https://www.facebook.com/ventrypostoffice

Niemimaan pienempien kylien palveluista voi suositella varsinkin Corca Dhuibhnen museota (Músaem Chorca Dhuibhne, engl. West Kerry Museum), jonka yhteydessä toimii kirjakauppa ja kahvilakin. Tämän Baile an Fheirtéaraigh'ssa sijaitsevan museon verkkosivut ovat kokonaisuudessaan kaksikieliset ja samasta kylästä löytyy myös hotelli-ravintola Ceann Sibéal, jonka verkkosivuilla ja ruokalistassa käytetään otsikko- ja iskulausetasolla iiriä. Toinen majatalo An Riasc kertoo verkkosivuillaan englanniksi, että sitä pyörittävän perheen äidinkieli on iiri. Lisäksi majatalon huoneilla on iirinkieliset nimet. Kylässä toimii olutpanimo Beoir Chorca Dhuibhne (engl. West Kerry Brewery), jonka verkkosivut ovat valitettavasti täysin englanninkieliset, mutta jonka oluista osalla on sentään iirinkielinen tuotenimi. Näitä oluita saa useista alueen ravintoloista. Panimolla on toki myös oma ravintola ja sen yhteydessä majatalokin. Kyläkauppa Síopa an Bhuailtínista voi ostaa muun muassa paikallisesti tuotettua hunajaa, jonka etiketti on kaksikielinen: "Tráigh an

Fhíona, Mil Áitiúil, Ballyferriter, Local Honey" (mil = 'hunaja'; áitiúil = 'paikallinen'). Kylän keskustasta kolmisen kilometriä länteen sijaitseva kahvila Tig Áine kirjoittaa facebook-sivullaan useimmiten kaksikielisesti, tosin englanniksi ennen iiriä. Varsinaiset verkkosivut ja niiltä löytyvä ruokalista ovat valitettavasti vain englanniksi. Muutama kilometri toiseen suuntaan eli kylästä koilliseen löytyy ravintola Tigh T.P. (Baile na nGall), jonka facebook-sivulla käytetään jonkin verran iiriä.

http://westkerrymuseum.com/ga/leabhair

https://ceannsibealhotel.com

https://www.anriasc.ie

https://westkerrybrewery.ie

https://www.facebook.com/S%C3%ADopa-An-bhuailt%C3%ADn-135466038792016 6/photos/pcb.3663182410401274/3663182320401283

https://www.facebook.com/TigAine

https://www.tigaine.com

https://www.facebook.com/Tigh-TP-Baile-na-nGall-354669563727

Gaillimh (engl. Galway) on itsensä mukaan nimetyn kreivikunnan (Contae na Gaillimhe) pääkaupunki. Kaupunki itsessään ei ole osa gaeltachtia, mutta rannikkoa länteen seuratessa avautuu muihin gaeltachteihin verrattuna laajahko alue, jonka useissa kunnissa iirin puhujaosuudet nousevat korkeampiin lukemiin kuin missään muualla Irlannissa. Kreivikunnan pääkaupunkina Gaillimhistakin löytyy joitain iirinkielisiä palveluita kuten teatteri An Taibhdhearc osoitteessa 19 An tSráid Láir (engl. 19 Middle Street).

http://antaibhdhearc.com

Kaupungissa toimii myös järjestö Gaillimh le Gaeilge, joka motivoi yrityksiä lisäämään iirin käyttöä ja näkyvyyttä palveluissaan. Järjestö myös tarjoaa tähän kehitystyöhön käytännön apua ja ylläpitää verkkosivuillaan listausta edes jossain määrin iiriä käyttävistä yrityksistä. Listauksesta löytyy omana alakategorianaan iiriä ruokalistoissaan käyttävät ravintolat (Gaeilge ar Bhiacláir), mutta valitettavasti näittenkin paikkojen listoissa iirin käyttö rajoittuu yleensä otsikkotasolle ("alkuruuat", "pääruuat" jne.) ja varsinaisten ruokalajien nimet ovat vain englanniksi. Joka tapauksessa on suositeltavampaa asioida tällaisissa ravintoloissa kuin sellaisissa, joitten ruokalistoista ei löydy iiriä edes otsikoista. Gaillimhiin matkustavan tai siellä edes läpikulkumatkalla poikkeavan kannattaa valita mahdollisimman suuri osa käyttämistään palveluista kyseiseltä listalta. Listan ulkopuolelta voisi mainita vielä pubit Tigh Chóilí ja Tigh Neachtain, joilla on iirinkieliset nimet ja jotka käyttävät facebook-sivuillaan ainakin silloin tällöin iiriä, tosin pikemminkin symbolisissa lauseissa kuin kommunikatiivisessa mielessä.

https://gleg.ie (järjestön verkkosivut)

https://gleg.ie/eolaire-gno (yleislistaus iiriä käyttävistä yrityksistä)

https://gleg.ie/eolaire-gno/?cara=gaeilge-ar-bhiachláir (listaus iiriä ruokalistoissaan käyttävistä ravintoloista)

Gaeltacht-alueelle liikennöi Bus Éireannin linja nro 424, joka ajaa reittiä Gaillimh (Galway) - Bearna (Barna) - Na Forbacha (Furbo) - An Spidéal (Spiddal) - Indreabhán (Inverin) - Ross an Mhíl (Rossaveal) - Casla (Costello). Caslaan saakka kaikki linjan vuorot ajavat samaa reittiä, mutta sieltä reitti haarautuu vielä kahteen eri suuntaan. Bearnasta alkaen koko reitti on gaeltacht-aluetta. Iirinkielisten osuus nousee Bearnan ja Indreabhánin välillä asteittain siirryttäessä kylästä toiseen aina lännemmäs, ja Indreabhánista alkaen iirinkielisten osuudet ovat lähes kaikissa kylissä tasaisesti 80-90 % luokkaa. Alla luetellaan bussireitin varrelta löytyviä palveluita idästä länteen.

- Pádraicíns Bar & Restaurant: Na Forbachassa sijaitsevan ravintolan ruokalistassa osa otsikoista on kaksikielisesti, mutta muuten verkkosivut valitettavasti vain englanniksi.

http://padraicinsrestaurant.com

- An Spailpín Fánach: Muun muassa iirinkielisiä kirjoja ja levyjä sekä paitoja iirinkielisillä teksteillä myyvä liike An Spidéalissa. Verkkosivut täysin kaksikieliset. Täällä kannattaa käydä tekemässä matkamuisto-ostoksensa!

https://www.spailpin.com/ga

https://www.facebook.com/spailpin

- Builín Blasta: Kahvilan verkkosivujen sisällöstä osa on kaksikielisesti. Englanninkieliset osiot tosin ovat ennen iirinkielisiä, eikä kaikkein tärkeimmässä eli ruokalistassa käytetä lainkaan iiriä – siitä huolimatta, että kahvila mainostaa etusivulla itseään "iirinkielisenä kahvilana gaeltacht-alueen sydämessä"! Kahvila valmistaa myös myyntiin hilloja, hillokkeita ja salaattikastikkeita. Tuotemerkin nimeä lukuun ottamatta iiri loistaa poissaolollaan purkkien etiketeissä, mutta näitä tuotteita kannattanee silti suosia. Tuohan niitten valmistaminen ainakin työpaikkoja iirinkieliselle alueelle.

https://builinblasta.com

https://www.facebook.com/Builinblasta

- Centra An Spidéal: Centra-ketjuun kuuluvan An Spidéalin päivittäistavarakaupan facebook-sivulla käytetään toisinaan jonkin verran iiriä.

https://www.facebook.com/Centra-Spiddal-CoGalway-102228295002426

- Ard Aoibhinn B&B: Aamiaismajoitusta An Spidéalissa tarjoavan majatalon verkkosivuilla on lyhyt esittelyteksti englannin, saksan ja ranskan ohella iiriksi. Majatalo sijaitsee An Spidéalin keskustasta hieman länteen Indreabhánin suuntaan.

https://ardaoibhinnbandb.com/failte

- Tigh Chualáin Guesthouse and Bar: Indreabhánissa sijaitseva majatalo, jonka yhteydessä toimii myös pubiravintola. Verkkosivuilla kerrotaan englanniksi, että isäntäperhe on sujuvia iirin puhujia. Varsinaisilla verkkosivuilla iiriksi on vain tervetulotoivotus: "Céad míle fáilte romhat go dtí Tigh Chualáin!" Facebook-sivulla kuitenkin käytetään iiriä säännöllisemmin ja itse asiassa paljon enemmän kuin englantia. Paikka sijaitsee Indreabhánin keskustasta hieman itään An Spidéalin suuntaan.

http://tighchualain.com

https://www.facebook.com/Tigh-Chualáin-1412496842344300

- Joyce's Supermarket Indreabhán: Indreabhánin keskustassa sijaitsevan päivittäistavarakaupan facebook-sivulla ei käytetä lainkaan iiriä, mutta isokokoisin teksti kaupan julkisivussa on "Ollmhargadh na Seoighe" eli iirinkielinen muoto kauppaketjun nimestä.

https://www.facebook.com/JoycesSupermarketIndreabhan

- Club Scannán Sailearna: Indreabhánissa toimivan elokuvakerhon verkkosivut ovat täysin kaksikieliset. Esitettävät elokuvat eivät kuitenkaan yleensä ole iirinkielisiä.

https://www.clubscannan.ie/ga

https://www.facebook.com/ClubScannan

- Tigh Mholly: Indreabhánin keskustasta hieman länteen sijaitsevan pubin facebook- ja twitter-sivuilla kaikki on yksikielisesti iiriksi. Hienoa, että kerrankin näin päin! Toisin sanottuna tätä suositeltavampaa pubia on vaikea löytää koko Irlannista.

https://www.facebook.com/TighMholly

https://twitter.com/TighMholly

- An Poitín Stil: Edellä mainitusta Tigh Mhollysta parisensataa metriä länteen sijaitsevan toisen pubin facebook-sivulla käytetään myös paljon iiriä.

https://www.facebook.com/anpoitinstilinverin

- Tír na nÓg Gastro Pub: Indreabhánin ja Baile na hAbhannin välissä sijaitsevalla ravintola-hotellilla on ensisilmäyksellä lupaavasti kaksikieliset verkkosivut. Mutta kaikkein keskeisimmissä osioissa eli ruokalistassa ja hotellihuoneen varaussivulla

62

käytetäänkin jälleen kerran pelkkää englantia... (Syvä huokaus!)

https://ga.tirnanoggastropub.com

- Costcutter Baile na hAbhann: Costcutter-ketjuun kuuluvan kaupan julkisivussa ja facebook-sivulla käytetään sekä iiriä että englantia. Samoilta kulmilta Baile na hAbhannin kylästä löytyvät myös iirinkielisiä teatteriesityksiä ja televisiosarjoja valmistavan tuotantoyhtiö Fíbínin sekä iirinkielisen televisiokanavan TG4:n päämajat.

https://www.facebook.com/costcutter.bailenahabhann

http://fibin.ie

https://www.tg4.ie/ga

- Teach Ósta Uí Chualáin (engl. O'Cualann's Pub): Pubi An Bhánrainn Bhán Theasissä, sivutiellä Baile na hAbhannista länteen. Pubilla ei ole omia verkkosivuja, eikä sen kielipolitiikasta näin ollen ole helppo saada tietoja, mutta verkosta löytyy valokuvia, joissa seinillä näkyy iirinkielisiä lauseita ainakin koristeluonteisesti.

- An Chéibh / Tigh Terry / Rossaveal Hotel: Kyseessä on yksi ja sama, Ros an Mhílin kylässä sijaitseva ravintola-hotelli, jolla vain on monta nimeä. Verkkosivuilla on iiriksi ainoastaan sana *fáilte* eli 'tervetuloa', mutta facebook-sivulla seudun omaa kieltä käytetään onneksi ahkerammin. Hotellin hintataso on edullinen verrattuna moniin muihin gaeltacht-alueitten majapaikkoihin. Pubiravintolassa soitetaan viikonloppuisin elävää musiikkia. Kylässä on myös Spar-ketjuun kuuluva kauppa, mutta siellä ei valitettavasti ole iirinkielisiä opasteita ja facebook-sivullakin käytetään vain englantia. Kulkuyhteyksien kannalta Ros an Mhíl (lyhennettynä Ros a' Mhíl; engl. Rossaveal) on ihanteellinen tukikohta tehdä päiväretkiä alueen muihin

63

kyliin. Kylästä lähtee lautta Árannsaarille (Oileáin Árann) ja se on Gaillimhista liikennöivän bussilinjan 424 reitillä. Hieman Ros an Mhílin jälkeen bussireitti haarautuu kahteen suuntaan, joten tämä kylä on viimeisiä paikkoja, josta pystyy matkustamaan reitin molempiin päihin ilman bussin vaihtoa. Ros an Mhíl itsessään on kuitenkin melko hiljainen kylä, eikä siellä ole tässä mainittujen lisäksi muita palveluita.

http://www.rossavealhotel.com

https://www.facebook.com/tighterry.ancheibh

https://www.facebook.com/Tadhg77 (Spar Ros a Mhíl)

- Caifé Casla: Kahvila Caslan kylässä, parisen kilometriä Ros an Mhílistä pohjoiseen. Facebook-sivulla käytetään silloin tällöin jonkin verran iiriä. Samasta kylästä löytyy myös iirinkielisen radiokanavan Raidió na Gaeltachtan päämaja.

https://www.facebook.com/cafecasla

Suurin osa bussilinjan 424 vuoroista jatkaa Caslasta An Cheathrú Ruaan (engl. Carraroe), Leitir Móiriin (engl. Lettermore) ja Leitir Mealláiniin (eng. Lettermullen), mutta yksi vuoro päivässä kulkee myös Carnaan. Alla esitellään palveluita kummankin reittihaaran varrelta.

- An Chistin (Tigh Shea) / 6 Caifé ag An Chistin: An Cheatrú Ruan keskustassa sijaitsevan ravintolan facebook-sivuilla käyteään paljon iiriä.

https://www.facebook.com/tighshea (An Chistin)

https://www.facebook.com/6caife (6 Caifé ag An Chistin)

- Carraroe House B&B: Aamiaismajoitusta tarjoava majatalo An Cheathrú Ruan keskustan tuntumassa. Verkkosivut ovat täysin kaksikieliset. Kylässä on myös Eurospar-ketjuun kuuluva päivittäistavarakauppa, jonka facebook-sivulla käytetään satunnaisesti iiriä.

https://www.carraroehouse.com

https://www.facebook.com/tbteo (Eurospar)

- An Chlúid: Kerhotoimintaa järjestävän Muintearas-keskuksen rakennuksessa sijaitseva kahvila Garmnalla Leitir Móirin sillan lähellä. Kahvilaan on erillinen sisäänkäynti. Ruokalista on täysin kaksikielinen siten, että iirinkielisiä ruokalajien nimiä seuraa suluissa käännös englanniksi. Tällaiset ruokalistat ovat valitettavasti äärimmäisen harvinaisia, joten täällä jos missä kannattaa käydä syömässä. Muintearas-järjestön verkkosivut ovat jopa yksikielisesti iiriksi. Leitir Móirilta löytyy myös Centra- ja Spar-ketjujen päivittäistavarakaupat.

https://muintearas.com/?page_id=81 (An Chlúidin ruokalista)

- Tigh Lee: Garmnalla Leitir Mealláinin sillan kupeessa sijaitsevan pubin twitter-sivulla käytetään jonkin verran iiriä.

https://twitter.com/tighlee

- Ionad Oidhreachta Leitir Mealláin: Leitir Mealláinin kotiseutumuseon facebook-sivu on kaksikielinen.

https://www.facebook.com/ionad.meallain

- Dún Mánus B&B: Aamiaismajoitusta tarjoava majatalo An Scríobin (engl. Screebe) ja An Gort Mórin (engl. Gortmore) välisellä tieosuudella, Carnan bussireitin varrella. Facebook-sivulla käytetään paljon iiriä.

https://www.facebook.com/Dun-Mánus-200675053305543

- Ionad Cultúrtha an Phiarsaigh: Irlantilaisen vapaustaistelijan Pádraig Mac Piaraisin (engl. Patrick Pearse) tarinaa kertova museo An Gort Mórin kylässä, Carnan bussireitin varrella. Verkkosivut monikieliset (iiriksi, englanniksi, ranskaksi, saksaksi, espanjaksi ja italiaksi). Facebook-sivun kirjoitukset järjestelmällisesti kaksikielisiä siten, että iirinkieliset osiot edeltävät englanninkielisiä. Museosta löytyy myös kahvila.

https://www.icpconamara.ie

https://www.facebook.com/ionadculturthaanphiarsaigh

- Tigh Chadhain (Coyne's Bar & Bistro): Cill Chiaráinin (engl. Kilkerrin tai Kilkieran) kylässä, Carnan bussireitin varrella sijaitsevan pubiravintolan twitter-sivulta löytyy vuodelta 2016 täysin kaksikielinen ruokalista, jossa kaikkien ruokalajien nimet ovat kaksikielisesti siten, että iirinkielinen nimi on vielä englanninkielisen yläpuolella. Sivulta löytyy kuitenkin myös useita uudempia ruokalistoja, jotka ovatkin sitten vain englanniksi. Ravintolalla on myös facebook-sivu, mutta siellä ei näy ainakaan toistaiseksi (v. 2021) lainkaan postauksia, vaan pelkkä englanninkielinen esittelyteksti. Kylästä löytyy myös Gala-ketjuun kuuluva päivittäistavarakauppa, mutta sen facebook-sivulla käytetään vain englantia.

https://twitter.com/coynesgastropub/status/707164297370181632

https://www.facebook.com/CoynesBarWildAtlanticWay

https://www.facebook.com/GalaCillChiarain

66

https://www.instagram.com/gala_cill_chiarain

- Tigh Mheaic: Carnassa sijaitsevan pubiravintolan facebook-sivulla pääkielenä on iiri. Varsinaiset verkkosivut sitä vastoin ovat vain englanniksi, joskin niiltä löytyy iiriksi esitetty lupaus, että Carnassa puhutaan iiriä: "Ma ta suim agat an Ghaeilge a chloisteail no i a fhoghlaim, tar go Carna! Beidh cead mile failte romhat Tigh Mheaic!" (Verkkosivuilta löytyvästä tekstistä puuttuvat vokaalien pituutta osoittavat merkit.) Kylässä on myös toinen pubi Tigh Mhóráin, jonka yhteydessä toimii pieni kauppa.

https://www.tighmheaic.ie

https://www.facebook.com/Tigh.Mheaic

https://twitter.com/tighmheaic

Ros an Mhílistä lähtee Árannsaarille (Oileáin Árann). Lauttayhtiön nimi Aran Island Ferries on valitettavasti englantia, mutta mikä tärkeintä verkkosivut mukaan luettuna aikataulut löytyvät kolmella kielellä: iiriksi, englanniksi ja ranskaksi. Ros an Mhíliin voi hankkiutua itse ja ostaa sieltä lauttalipun, mutta toinen mahdollisuus on käyttää lauttayhtiön omaa syöttöbussia Gaillimhista Ros an Mhíliin ja takaisin. Árannsaarille liikennöi myös toisen yhtiön lautta Dúlainnista (engl. Doolin), mutta se ei kuulu gaeltacht-alueeseen, joten kielestä kiinnostuneen matkailijan kannattaa kulkea ensisijaisesti Ros an Mhílin kautta. Saaria on kolme, jotka ovat lueteltuna lännestä ja samalla suurimmasta pienimpään Inis Mór, Inis Meáin ja Inis Oírr. Sekä *inis* että *oileán* tarkoittavat iiriksi saarta.

Árannsaaret ovat suosittuja matkailukohteita, varsinkin Inis Mór, jonka satamassa lautasta nousevia turisteja ovat vastassa kiertoajelupalveluitaan innokkaasti tyrkyttävät paikalliset pakettiautoineen. (Näin oli ainakin vieraillessani saarilla joulukuussa 2012.) Tästä ei voi olla saamatta sellaista mielikuvaa, että saaret ovat taloudellisesti liiankin riippuvaisia matkailusta. Toisaalta kiertoajelu saattaa olla erinomainen tapa päästä harjoittelemaan iirin puhumista. Jos kiertoajeluoppaan kanssa on mahdollista sopia, että opastus suoritetaan iiriksi, siitä maksaakin ilomielin.

Kaikilta Árannsaarilta löytyy majoituspalveluita, mutta niihin on mahdollista tutustua myös siten, että saapuu aamulautalla ja lähtee iltalautalla. Tätä kirjoittaessani (v. 2021) en löytänyt yhdeltäkään saarten majoituspalveluista edes osittain iirinkielisiä verkkosivuja. Kulttuurisesti vastuullinen matkailija voikin majoitusvarausta tehdessään kiinnittää huomiota näin ollen vain siihen, että majatalolla olisi sentään iirinkielinen nimi.

Kahviloista ainakin Inis Oírriltä löytyvä Bláth na Gréine käyttää facebook-sivullaan runsaasti iiriä. Samalla saarella sijaitseva toinen kahvila Teach an Tae puolestaan kehaisee verkkosivuillaan, että saari on hyvin iirinkielistä aluetta, mutta kahvilan omat verkkosivut ovat yksikielisesti englanniksi lukuun ottamatta lausetta: "Labhair Gaeilge linn!" (Puhu kanssamme iiriä!) Inis Meáinin kyläkauppa Siopa Ruaidhrí Beag käyttää facebook-sivullaan paljon iiriä.

https://www.aranislandferries.com/ga

https://www.facebook.com/Bláth-na-Gréine-2192232244392519

https://www.instagram.com/blath_na_greine

https://www.cafearan.ie/Gaeltacht (Teach an Tae)

https://www.facebook.com/Siopa-Ruaidhrí-Beag-Teo-1271213599640542

Inis Mórilla sijaitsevan pubiravintola Joe Watty'sin varsinaiset verkkosivut ovat vain englanniksi, mutta facebook-sivulla käytetään usein myös iiriä. Ruokalistassa otsikot ovat kaksikielisesti. Saarella toimii myös joitain oman sukunsa ja saaren perinteistä ammentavia pienyrittäjiä, joitten tuotteita voi ostaa matkamuistoksi tai elintarvikkeiksi. Saarelaisten perinneruokaa merilevää (iiriksi *feamainn*) myydään tuotenimellä Bláth na Mara, joka tarkoittaa meren kukkaa. An Púcán puolestaan valmistaa käsityönä villapaitoja, -käsineitä ja -kaulaliinoja. Molemmat yritykset käyttävät kuitenkin verkko- ja facebook-sivuillaan valitettavasti vain englantia.

https://www.joewattys.ie

https://www.facebook.com/aranislandsjoewattys

https://www.blathnamara.ie

https://www.facebook.com/An-Púcán-The-Original-Aran-Sweater-Shop-107272406002157

Acaill eli **Oileán Acla** (engl. Achill Island) on Maigh Eon kreivikunnassa (Contae Mhaigh Eo) sijaitseva saari. Irlannin pääsaaren jälkeen se on pinta-alaltaan koko maan suurin saari ja sen itä- ja eteläosat kuuluvat gaeltacht-alueeseen, kuten myös "mantereen" puoleiset alueet saaren välittömässä läheisyydessä. Saari yhtyy mantereeseen lyhyellä sillalla. Bus Éireannin linja nro 450 liikennöi saarelle reittiä Cluain Cearbán (Louisburgh) - Cathair na Mart (Westport) - Gob an Choire (Achill Sound) - Bun an Churraigh (Bunnacurry) - Dumha Goirt (Dugort) - Dumha Acha (Dooagh). Tälle linjalle pääsee vaihtamalla bussia Cathair na Martissa, jonka kautta kulkevat myös seuraavat linjat:

440 Baile Átha Luain (Athlone) - Caisleán an Bharraigh (Castlebar) - Cathair na Mart (Westport)

454 Béal an Átha (Ballina) - Caisleán an Bharraigh (Castlebar) - Cathair na Mart (Westport)

456 Gaillimh (Galway) - Cathair na Mart (Westport) - Caisleán an Bharraigh (Castlebar)

- Féile Chruite Acla (Achill International Harp Festival): Saarella järjestetään vuosittain lokakuun loppupuolella harppufestivaali. Tapahtuman verkkosivut ovat täysin kaksikieliset ja facebook-sivullakin käytetään runsaasti iiriä.

https://achillharpfestival.ie/failte-2

https://www.facebook.com/AchillHarpFestival

- Óstán Oileán Acla (Achill Island Hotel): Gob an Choiressa, sillan kupeessa juuri ja juuri mantereen puolella sijaitseva hotelli, jonka verkkosivuilla on muutama lause iiriä. Suurin osa sivuista on valitettavasti vain englanniksi, mutta muilla alueen majapaikoilla iirin käyttö vaikuttaa vielä vähäisemmältä, joten tämä hotelli ansaitsee suositukset.

https://achillislandhotel.com

- Salann Mara Acla (Achill Island Sea Salt): Saarella valmistetaan merisuolaa. Purkkien etiketeissä lukee tuotteen englanninkielinen nimi isokokoisella fontilla ja iirinkielinen pienemmällä. Verkkosivut ovat valitettavasti vain englanniksi.

https://achillislandseasalt.ie

An Eachléim (engl. Aughleam) on gaeltacht-kylä An Muirtheadin niemimaalla Maigh Eon kreivikunnassa (Contae Mhaigh Eo). Alueelle liikennöi Bus Éireannin linja nro 446, joka liikennöi reittiä Béal an Átha (Ballina) - Béal an Mhuirthead (Belmullet) - An Eachléim (Aughleam) - An Fód Dubh (Blacksod). Samoilla seuduin sijaitsee myös kreivikunnan iirinkielisin kylä Ceathrú Thaidhg, mutta sinne ei kulje lähimaillekaan julkista liikennettä.

- Ionad Deirbhile: An Eachléimin kylän vierailijakeskus toimii kahvilana ja kotiseutumuseona. Verkkosivut ovat osittain kaksikieliset.

http://ionaddeirbhile.ie

- Léim Siar: Niemimaan kaakkoispäässä An Fód Dubh'ssa aamiaismajoitusta tarjoavan majatalon nimi on iiriä ja verkkosivuilla on myös iirinkielinen tervetulotoivotus, mutta kaikki muu sivuilla on vain englanniksi.

http://www.leimsiar.com

- Brú Chlann Lir: Aamiaismajoitusta tarjoavan majatalon nimi on iiriä ja verkkosivuilla on iirinkielinen tervetulotoivotus, mutta muuten sivut ovat vain englanniksi. Majatalo sijaitsee muutaman kilometrin An Eachléimista pohjoiseen.

http://www.bruchlannlir.com

- Coláiste Uisce: Muutama kilometri An Eachléimistä pohjoiseen, Cuan Eilín (engl. Ellybay) rannalla sijaitseva vesiurheilukoulu järjestää iirinkielisiä leirejä etenkin nuorille. Keskus pyrkii edistämään iirin kielen käyttöä yhdistämällä sen nuorten suosimaan harrastukseen. Muutkin ryhmät voivat ottaa keskukseen yhteyttä ja sopia omiin tarpeisiin soveltuvasta palvelupaketista. Verkkosivut ovat suurimmalta osin kaksikieliset.

https://uisce.ie/?lang=ga

- Drom Caoin: Béal an Mhuirtheadissa aamiaismajoitusta tarjoavan majatalon nimi on iiriä. Verkkosivuilla on muutama lause iiriä, ja sen kerrotaan myös olevan omistajaperheen äidinkieli: "Gaeilge gnáth theanga an teaghlaigh in "Drom Caoin"." Suurin osa verkkosivujen sisällöstä on kuitenkin vain englanniksi.

http://www.belmullet-accommodation.com/belmullet_erris.php

- Cois Cuain: Béal an Mhuirtheadissa sijaitseva ravintola, jonka nimi on iiriä. Verkkosivut ovat valitettavasti vain englanniksi.

https://www.coiscuain.ie

- Féile an Fhómhair (Belmullet Traditional Music Festival): Béal an Mhuirheadissa järjestetyn kansanmusiikkifestivaalin nimi on iiriä ja tarkoittaa syysjuhlaa. Verkkosivuilla käytetään jossain määrin iiriä, mutta facebook-sivulla vain englantia. Festivaali on järjestetty toistaiseksi viimeisen kerran vuonna 2017.

http://feileanfhomhair.com

https://www.facebook.com/feileanfhomhair

Gleann Cholm Cille (engl. Glencolumbcille) on kylä gaeltacht-alueella Dún na nGallin kreivikunnassa (Contae Dhún na nGall). Bus Éireannin linja nro 490 ajaa kylään reittiä Dún na nGall (Donegal) - Na Cealla Beaga (Killybegs) - Cill Charthaigh (Kilcar) - An Charraig (Carrick) - Gleann Cholm Cille (Glencolumbcille). Kolme viimeksi mainittua kylää sijaitsevat gaeltacht-alueella. Kylistä löytyy useita majapaikkoja, joilla on iirinkielinen nimi, mutta muuta iirin käyttöä ei niitten verkkosivuilla tätä kirjoittaessa tullut vastaan.

- Oideas Gael: Opisto järjestää muutaman päivän mittaisia iirin kielen intensiivikursseja kaikentasoisille aikuisopiskelijoille (aloittelijoille, keskitasoisille ja edistyneille). Tarjontaan kuuluu myös muita irlantilaiseen kulttuuriin liittyviä kursseja ja leirejä, mm. kansanmusiikkia. Verkkosivut ovat tietysti täysin kaksikieliset.

http://oideas-gael.com/ga/cursai-gaeilge

- An Clachán (Glencolmcille Folk Village Museum): Kylämuseon verkkosivut ovat valitettavasti yksikielisesti englanniksi ja facebook-sivullakin iiriä käytetään vain satunnaisesti.

http://www.glenfolkvillage.com

https://www.facebook.com/glen.folkvillage

- Féile Ghleanncholmcille: Vuosittain heinä-elokuussa järjestettävän festivaalin nimi on iiriä, mutta facebook-sivulla tiedotetaan vain englanniksi.

http://www.glencolmcille.ie/glenfestival.htm

https://www.facebook.com/feile.ghleanncholmcille

74

- Fiddlers' Week: Cairdeas na bhFidiéirí järjestää vuosittain elokuussa viuluviikon Gleann Cholm Cillessä, mutta siitä tiedotetaan valitettavasti vain englanniksi.

https://www.gleanncholmcille.ie/fiddle.htm

https://donegalfiddlemusic.ie

https://www.facebook.com/cairdeas.bhfidileiri

An Clochán Liath (engl. Dungloe) on kylä gaeltacht-alueella Dún na nGallin kreivikunnassa (Contae Dhún na nGall). Bus Éireannin linja nro 492 ajaa kylään reittiä Dún na nGall (Donegal) - Leitir Mhic an Bhaird (Lettermacaward) - An Clochán Liath (Dungloe). Myös Leitir Mhic an Bhaird sijaitsee gaeltacht-alueella. Iirin käyttö palvelutarjoajien verkkosivuilla on valitettavasti olematonta ja näissä kylissä on tavallista vähemmän sellaisia majapaikkoja ja ravintoloita, joilla olisi edes iirinkielinen nimi. Poikkeuksia ovat aamiaismajoitusta tarjoava majatalo Radharc an Oileain B&B sekä pubiravintola Teach Owenie Bán. Molemmat sijaitsevat An Clochán Liathissa.

http://dungloebedandbreakfast.com

Alueen iirinkielisimpiin kyliin ei pääse lainkaan joukkoliikenteellä, mutta siltä varalta, että joku kuitenkin onnistuu löytämään tiensä näille paikkakunnalle, tässä esitetään joitakin suositeltavia palveluita.

- Amharclann Ghaoth Dobhair: Teatteri Gaoth Dobhairista länteen sijaitsevassa An Bun Beagin kylässä. Verkkosivut ovat täysin kaksikieliset, ja teatterista löytyy myös kahvila.

https://amharclann.com

- Teach Hiúdaí Beag: Tunnettu kansanmusiikkipubi ja majatalo An Bun Beagissa. Varsinaiset verkkosivut ovat vain englanniksi, mutta facebook-sivulla käytetään runsaasti myös iiriä. Verkkosivujen mukaan pubissa järjestetään vuoden ympäri maanantaisin kansanmusiikkijamit. Tunnetut kansanmusiikkiyhtyeet Clannad ja Altan ovat saaneet alkunsa alueelta.

https://www.facebook.com/LoistinTeachHiudai

http://www.tradcentre.com/hiudaibeag

https://www.facebook.com/profile.php?id=100057578764977

- Cois Farraige Cakes: An Bun Beagissa sijaitsevan leipomon nimi on osittain iiriä, mutta facebook-sivulla käytetään valitettavasti vain englantia.

https://www.facebook.com/Cois-Farraige-Cakes-399938120063684

- An Chúirt (Gweedore Court Hotel): Gaoth Dobhairin kylässä sijaitsevan hotellin verkkosivuilla sivujen otsikot ovat kaksikielisesti, mutta muuten sivut ovat vain englanniksi. Myös facebook-sivulla käytetään lähinnä englantia.

http://www.gweedorecourthotel.com

https://www.facebook.com/anchuirt

- Fómhair Festival: Gaoth Dobhairissa ensimmäistä kertaa vuonna 2021 järjestettävä syysfestivaali. Facebook-sivujen pääkielenä on englanti, mutta useissa postauksissa näkyy myös jonkin verran iiriä.

https://www.facebook.com/FomhairFestival

- Teach Jimí Mhicí: Dún Lúichen kylässä, Gaoth Dobhairista kaakkoon sijaitsevan majatalon facebook-sivulla pääkielenä on englanti, mutta iiriäkin käytetään jossain määrin.

https://www.facebook.com/teachjimimicidunlewey

https://www.instagram.com/teachjimimhici

- Ionad Cois Locha: Dún Lúichen kylän vierailijakeskuksen facebook-sivuilla käytetään jonkin verran iiriä, mutta pääkielenä on valitettavasti englanti. Keskuksesta löytyy kahvila ja matkamuistomyymälä.

https://www.facebook.com/DunleweyCentre

- Arranmore Ferry: Árainn Mhórin saarelle (Oileán Árainn Mhór) liikennöivän lauttayhtiön verkkosivujen sisällöstä osa on kaksikielisesti. Tärkein eli aikataulu löytyy kuitenkin vain englanniksi. Lautta saarelle lähtee mantereen puolella Ailt an Chorráinista (engl. Burtonport), mutta kylään ei kulje bussia.

https://arranmoreferry.com/gaeilge-arainn-mhor

- Brú Árainn Mhór (Arranmore Hostell): Árainn Mhórin hostellin verkkosivut ovat suurimmalta osin kaksikielisesti, mutta englanninkieliset tekstiosiot on valitettavasti sijoitettu iirinkielisten edelle.

http://www.arranmorehostel.ie

- Féile Róise Rua: Vuosittain toukokuussa Árainn Mhórilla järjestettävä kansanmusiikkifestivaali on nimetty saarella eläneen kansanlaulaja Róise Ruan (1879-1963) kunniaksi. Verkkosivut ovat suurelta osin kaksikieliset, mutta englanninkieliset tekstiosiot sijoitettu iirinkielisten edelle. Iirinkielistä laulutyöpajaa lukuun ottamatta lipputyypeistä ja lippujen hinnoista tiedotetaan sivuilla vain englanniksi.

http://feileroiserua.com

An Fál Carrach (engl. Falcarragh) on kylä Dún na nGallin kreivikunnassa (Contae Dhún na nGall). Mangan Toursin bussilinja Leitir Ceanainnista (engl. Letterkenny) Mín Lárachiin (engl. Meenlaragh) ajaa kylän kautta. Koko reitin loppupää (alkaen An Fál Carrachista ja päättyen Mín Lárachiin) on gaeltacht-aluetta. Bussia on vaihdettava Leitir Ceanainnissa, johon liikennöi Bus Éireannin linja nro 64 reittiä Gaillimh (Galway) - Sligeach (Sligo) - Dún na nGall (Donegal) - Leitir Ceanainn (Letterkenny) - Doire (Derry).

http://www.mangantours.ie

- Árasáin Bhalor: Majatalon varsinaisilla verkkosivuilla on vain tervetulotoivotus iiriksi, mutta facebookissa kieli on laajemmassa käytössä.

https://www.arasainbhalor.com

https://www.facebook.com/ArasainBhalor

https://twitter.com/arasainbhalor

- An tSean Bheairic: An Fál Carrachin vierailijakeskuksella on oma kielipoliittinen toimintasuunnitelmansa, jonka mukaan keskuksesta pitäisi saada halutessaan iirinkielistä palvelua ja myös kahvilan ruokalistan ja verkkosivujen pitäisi olla kaksikielisiä. Toimintasuunnitelma on laadittu vuonna 2014 ja siihen on kirjattu, että se pannaan kokonaisuudessaan täytäntöön vuoteen 2016 mennessä. Tätä kirjoittaessani vuonna 2021 keskuksen verkkosivut näyttäisivät kuitenkin olevan yksikielisesti englanniksi lukuun ottamatta itse toimintasuunnitelmaa! Verkkosivuilta löytyy myös valokuva kahvilan seinällä olevasta juomalistasta ja hinnastosta, joka sekin on ainoastaan englanniksi. Facebook-sivulla sentään pääkielenä on iiri.

http://www.falcarraghvisitorcentre.com

http://www.falcarraghvisitorcentre.com/wp-content/uploads/2014/05/PolasaiGaeilge.pdf

https://www.facebook.com/antseanbheairic

- Óstán Loch Altan: Hotelli hyvin iirinkielisen Gort an Choircen (engl. Gortahork) kylässä Mangan Toursin bussireitin varrella. Verkkosivuilla on vain tervetulotoivotus iiriksi, mutta facebook-sivulla kieltä käytetään jonkin verran enemmän.

http://www.ostanlochaltan.com

https://www.facebook.com/ostanlochaltan

- Teach Bhillie: Pubiravintola Gort an Choircessa. Facebook-sivulla käytetään runsaasti iiriä, mutta ruokalista on vain valitettavasti vain englanniksi.

https://www.facebook.com/teachbhillie

https://www.facebook.com/teachbhillie/photos/a.303512090586691/786017032336192 (ruokalista)

https://www.instagram.com/teachbhillie

- Teach Dixon: Pubiravintola Mín Lárachissa (engl. Meenlaragh) Mangan Toursin bussireitin päätekylässä. Facebook-sivulla käytetään runsaasti iiriä, mutta ruokalista löytyy vain englanniksi.

https://www.facebook.com/teachdixon

https://www.facebook.com/photo?fbid=2715319095352385&set=pcb.2715322735352021 (ruokalista)

- Féile Inis Bó Finne: Jokakesäinen festivaali pienehköllä Inis Bó Finnen saarella Mín Lárachin edustalla. Festivaali tiedottaa facebook-sivullaan kaksikielisesti iiriksi ja englanniksi. Iirinkieliset tekstiosiot on yleensä sijoitettu englanninkielisten edelle, kuten kuuluukin. (Huom! Irlannissa on toinenkin samanniminen saari, joten tietoa hakiessa on oltava tarkkana, kummasta on kyse.)

https://www.facebook.com/feileinisbofinne

- Óstán Radharc na Céibhe (Tory Island Harbour View Hotel): Hyvin iirinkielisellä Toraigh'n saarella sijaitseva hotelli, jonka instagram-sivun esittelyteksti on iiriksi. Saarelle liikennöi lautta Mín Lárachin läheltä Machaire Rabhartaigh'sta, mutta lauttayhtiön verkkosivut ja aikataulu ovat vain englanniksi.

https://www.instagram.com/toryharbourviewhotel

https://www.facebook.com/MnaThorai

https://toryferry.com

Machaire Rátha (engl. Maghera) on pikkukaupunki Pohjois-Irlannissa Golden Expressin bussilinjan nro 212 reitillä Béal Feirsten (engl. Belfast) ja Doiren (engl. Derry) puolimatkassa. Molempiin on Machaire Ráthasta reilun tunnin mittainen bussimatka. Kaupungin liepeiltä löytyy alueita, joilla iiriä puhui 1900-luvun alkupuolella vielä puolet väestöstä, mutta sen jälkeen puhujamäärät romahtivat joksikin aikaa. Vuosisadan lopulla alueelle perustettiin kuitenkin iirinkielinen koulu ja sittemmin Machaire Ráthan luoteispuolella sijaitsevasta Carn Tóchairista (engl. Carntogher) on tullut koko Irlannin saarella ainoa gaeltacht-alueitten ulkopuolinen paikkakunta, jonka lapsista enemmistö käy iirinkielistä koulua. Näin kertoo verkkosivuillaan paikallinen yhdistys An Carn, jonka tiloissa toimii myös kahvila An Croí. Kahvilan ruokalistat ovat kaikilta osin täysin kaksikielisiä, mikä on äärimmäisen harvinaista Irlannin tasavallankin puolella. Samassa yhteydessä toimii myös itsepalvelumajatalo An Teach Glas, jonka facebook-sivujen sisältö on järjestelmällisesti kaksikielistä siten, että iirinkieliset osiot on sijoitettu englanninkielisten edelle. Tämän suositeltavampaa matkakohdetta ei Pohjois-Irlannin puolelta löytyne.

http://www.ancarn.org/ga/baile

http://www.ancarn.org/uploads/1573738808An-Cro-New-Menu-November-19.pdf

https://twitter.com/ancarn1/status/1241355754638106630

https://www.facebook.com/ancroicoffeehouse

http://www.ancarn.org/ga/aiseanna-ar-cios/an-teach-glas-ga

https://www.facebook.com/anteachglas

Béal Feirste (engl. Belfast) on Pohjois-Irlannin pääkaupunki ja vaikkei se lienekään iirin kielestä kiinnostuneen ensisijaisimpia matkakohteita, on sieltäkin mahdollista löytää iirin puhujia. Vuonna 1969 muutama iirinkielinen perhe asettui tietoisesti asumaan lähelle toisiaan perustaen näin pienen iirinkielisen paikallisyhteisön Bóthar Seoighelle (engl. Shaw's Road). Pian kadun lähelle perustettiin Pohjois-Irlannin ensimmäinen iirinkielinen ala-aste Bunscoil Phobal Feirste, joka toimii yhä tänä päivänä. Myöhemmin iirin käyttö kaupungissa on laajentunut ja Bóthar na bhFálin (engl. Falls Road) ympäristöön on syntynyt toinen iirinkielisten palveluitten keskittymä. Alueelta löytyy paitsi iirinkielisiä kouluja, myös kulttuurikeskus Cultúrlann McAdam Ó Fiaich (lyh. An Chultúrlann), jossa järjestetään kielikursseja ja erilaisia tapahtumia. Keskuksessa pitää majaansa iirinkielistä kirjallisuutta ja irlantilaista kansanmusiikkia myyvä kirja- ja levykauppa An Ceathrú Póilí sekä kahvila Bia, jolla on iirinkielinen nimi vaikkakin ruokalista vain englanniksi. Béal Feirstessä toimii oma iirinkielinen radiokanava Raidió Fáilte, ja Bóthar na bhFálin ympäristössä järjestetään vuosittain kaupunginosafestivaali Féile an Phobail, jonka ohjelmasta voi löytää sekä irlantilaista perinnettä edustavia että ulkomaisia esiintyjiä.

https://www.bunscoilphobalfeirste.com

https://www.culturlann.ie/ga

https://www.anceathrupoili.com/ga

https://www.biabelfast.ie

https://raidiofailte.com

http://feilebelfast.com

Ráth Cairn ja **Baile Ghib** ovat gaeltacht-kyliä An Mhín kreivikunnassa (Contae na Mí) ja samalla Irlannin tasavallan pääkaupunkia Baile Átha Cliathia lähimpänä sijaitsevat viralliset gaeltacht-alueet. Ráth Cairnia lähimmäs pääsee Bus Éireannin linjalla nro 111 ja Baile Ghibiä linjalla nro 107. Kylien nykyinen iirinkielinen asutus juontaa juurensa 1930-luvulle, jolloin kymmeniä perheitä Länsi-Irlannista siirrettiin asumaan alueelle.

- Siopa Agus Caife Ráth Chairn: Kahvila ja matkamuistomyymälä Ráth Cairnissa. Facebook-sivun sisältö on järjestelmällisesti kaksikielistä siten, että iirinkieliset osiot on sijoitettu ennen englanninkielisiä.

https://www.facebook.com/siopaaguscaife.rathchairn

- An Stór: Kahvila ja kyläkauppa Baile Ghibissä. Twitter-sivulla käytetään pääasiassa englantia, mutta profiilikuvana oleva opaste on kaksikielinen.

https://twitter.com/stor_an

Baile Átha Cliath (lyh. BÁC, engl. Dublin) on Irlannin tasavallan pääkaupunki. Vaikka iiriä arkikielenään käyttävät tai sitä ylipäänsä sujuvasti puhuvat ovat kaupungissa tänä päivänä vähemmistöä, heitäkin löytyy, jos tietää mistä etsiä. Esikaupunkialueella sijaitsevaan Cluain Dolcáiniin (engl. Clondalkin) on keskittynyt useita iirinkielisiä palveluita. Siellä toimii iirinkielisiä kouluja ja myös kulttuurikeskus Áras Chrónáin, jossa järjestetään kielikursseja ja erilaisia kulttuuritapahtumia, mm. kansanmusiikkijameja.

https://araschronain.ie

https://araschronain.ie/2019/03/25/bar-ceol

Läheltä kaupungin keskustaa, osoitteesta 6 Sráid Fhearchair (engl. 6 Harcourt Street) löytyvät iirin kielen asiaa ajavan kansalaisjärjestö Conradh na Gaeilgen toimitilat. Samassa rakennuksessa toimii iirinkieliseen kirjallisuuteen keskittyvä kirjakauppa An Siopa Leabhar sekä kansalaisjärjestön oma pubi Club Chonradh na Gaeilge (lyh. An Club), joka lienee kaupungin varmimpia paikkoja päästä halutessaan käyttämään iiriä baaritiskillä asioidessaan.

https://cnag.ie/ga

https://www.anclub.ie

https://www.facebook.com/anclub

https://www.siopaleabhar.com

Muissa BÁC:n pubeissa ja ravintoloissa iirinkielisen palvelun saaminen on enemmän tuurista kiinni ja siitä, sattuuko yksittäinen työvuorossa oleva tarjoilija tai baarimikko osaamaan kieltä. Verkosta löytyy englanniksi artikkeli, jossa pohditaan mahdollisuuksia saada iirinkielistä palvelua joistain pääkaupungin pubeista. Bar Rua mainitaan myönteisenä esimerkkinä paikasta, jolla on edes iirinkielinen nimi ja jotkut kertovat saaneensa sieltä iirinkielistä palveluakin. Artikkelissa mainitaan myös muita pubeja, jotka ainakin jollain tasolla asennoituvat myönteisesti iirin kieltä kohtaan. Kaupungissa järjestetään kuukausittain myös Pop-Up Gaeltacht -tapahtumia, jolloin suuri joukko iirin puhujia kokoontuu aina tiettyyn pubiin. Tarkoituksena on, että kielen puhujat pääsevät viettämään aikaa ja mahdollisesti tutustumaan uusiinkin ihmisiin tilanteessa, jossa iirin käyttö koko seurueen yhteisenä kielenä tuntuu luonnolliselta ja normaalilta. Samalla muutkin paikalle sattumoisin eksyvät ja pubien henkilökunnat näkevät, että iiriä arjessaan käyttäviä on tosi asiassa paljon, vaikka yleensä he hukkuvatkin massaan. Näissä tapahtumissa konkretisoituu iirin kielen kaupallinen potentiaali, ja parhaimmillaan ne voivat saada kapakoitsijat pohtimaan ruokalistojen ja muitten opasteitten iirintämistä.

http://publin.ie/2016/14319 (Where can you speak Irish in a Dublin pub?)

https://www.facebook.com/popupgaeltacht

https://twitter.com/popupgael

Kymrin kielen ja Kymrinmaan ystäville mainittakoon, että Irlannissa toimii oma kymriläisyhdistyksensä Draig Werdd. Nimi on tietysti kymriä ja tarkoittaa vihreää lohikäärmettä. Kymrinmaan lipussa on punainen lohikäärme, joten vihreä väri symboloinee Irlantia.

http://www.welshsociety.ie/cymraeg